PRIONS POUR NOS DÉFUNTS

Sanctuaire
NOTRE-DAME DE MONTLIGEON

PRIONS POUR NOS DÉFUNTS

quatre semaines de prière

Nouvelle Cité

Sanctuaire Notre-Dame de Montligeon
61400 – La Chapelle-Montligeon
Tél. : 02 33 85 17 00 – Fax : 02 33 85 17 15
E-mail : montligeon@wanadoo.fr
Site : www.sanctuaire-montligeon.com

Composition : Jean-Marie Wallet
Couverture : Jean-Pierre Pitrel

Illustrations de couverture :
p.1, vue du Sanctuaire Notre-Dame de Montligeon ; © Sanctuaire Notre-Dame de Montligeon.

37, avenue de la Marne – 92120 Montrouge

ISBN 2-85313-463-6

PRÉFACE

Frères et sœurs,

En tenant entre vos mains ce livret de prière de Notre-Dame de Montligeon, n'hésitez pas à imaginer que vous prenez une carte avec des indications pour emprunter un chemin de grande randonnée. Vous allez marcher sur les routes humaines mais en tenant la main de Dieu.

Je voudrais remercier les responsables du Sanctuaire Notre-Dame de Montligeon qui ont pris cette initiative.

Rappelez-vous que toute prière commence par la louange et que celui qui ne loue pas le Seigneur sur la terre sera muet dans l'éternité. Ce livret n'est qu'un moyen. L'essentiel, c'est la prière. Padre Pio disait que « dans les livres, nous cherchons Dieu mais que dans la prière nous le trouvons ».

Puis, peu à peu, va jaillir de vos lèvres un « s'il te plaît Seigneur », c'est la prière d'intercession. Vous pensez à ceux qui vous sont chers sur cette terre et ceux qui l'ont quittée. Prier pour sa famille, ses amis, ses défunts, c'est une manière de les aimer. En même temps, nous prions pour qu'ils soient heureux, qu'ils entrent dans le monde de Dieu dans une communauté de vie et d'amour, il faut que nous soyons devenus nous-mêmes tout amour. Pour entrer dans l'amour du Père, il faut que nous soyons dépouillés de tout égoïsme, de ce moi qui ressemble à de la rouille. C'est la raison pour laquelle nous prions pour nos défunts afin qu'ils soient capables d'accueillir l'Amour du Père.

Entre tous les vivants de la terre et du ciel, il y a une grande solidarité spirituelle. « Une âme qui s'élève, élève le monde. » Il y a une communion entre les vivants et les morts qui permet aux premiers d'intercéder avec fruit pour les seconds. La prière pour les défunts remonte aux origines de l'Église. C'est donc avec confiance que nous prions aussi Notre-Dame de Montligeon. Rappelons-nous que dans le « Je vous salue Marie », nous demandons à la Vierge de prier pour nous « maintenant et à l'heure de notre mort ».

« Celui qui prie la Vierge Marie, ne désespère pas, dit S. Bernard. Si elle est avec toi, tu es sûr d'arriver au but. »

Frères et Sœurs, bonne route sur le chemin de la prière.

Jean-Claude Boulanger
Évêque de Séez

INTRODUCTION

La prière est un chemin qui conduit à Dieu. « *La prière est la veillée des hommes dans l'attente de la lumière* », disait le pape Paul VI.

Et, pour chacun de nous qui appartenons à l'Église terrestre, cette écoute attentive de la Parole divine, cette conversation avec le Père tout-puissant qui voit dans le secret des cœurs, est une réponse à son amour prévenant. Dans sa bonté infinie, le Père vient à la rencontre de l'homme en tous lieux où il se trouve, à chaque étape de son existence.

Il est bon de regarder cette « réalité invisible » qu'est la famille des enfants de l'Église. Divine et humaine à la fois, l'Église ne se limite pas à ce que nous voyons ici-bas, dans ses institutions, dans le peuple des baptisés répartis sur l'immensité de la terre. Il y a aussi cette multitude qui chante le cantique nouveau autour de l'Agneau, les saints connus et inconnus. Puis, ce sont des frères et sœurs en route vers cette vision de Dieu face à face; pour eux, une porte, une seule porte s'ouvrira lorsque leur purification sera terminée, dans un délai qui échappe à toute notion de temps mesurable. Cette étape, ou ce processus intérieur de transformation dans l'amour, nous l'appelons le « purgatoire ». Trois dimensions de l'unique Église de Dieu, pouvons-nous dire, et Jésus nous attend au bout de la route dans son Paradis, là ou il n'y aura plus de larmes mais la joie éternelle de la rencontre.

Entre les êtres chers qui nous ont quittés et ceux qui demeurent en cette vie terrestre, il existe une communion d'amour, qui, bien qu'invisible, n'en est pas moins réelle. Cette communion trouve son expression privilégiée dans la prière.

Si l'on prie pour les défunts, c'est tout simplement parce que dans le Christ Ressuscité et l'Esprit Sanctificateur, la charité n'a pas de frontière. Cette prière est le propre d'un cœur accordé à la miséricorde [1].

Dieu ne change pas en ses desseins et il n'a nullement besoin de nous pour les réaliser. Pourtant nous savons qu'il a voulu avoir besoin de notre libre coopération : *« Dieu ne donne pas seulement à ses créatures d'exister, mais aussi la dignité d'agir elles-mêmes, d'être causes et principes les unes*

---

[1] *Catéchisme de l'Église Catholique,* n° 2635.

des autres et de coopérer ainsi à l'accomplissement de son dessein[2]. *»*

En particulier, Jésus nous révèle que Dieu le Père a voulu ne pas se passer de notre prière. Il nous demande de prier pour obtenir le pain de chaque jour, pour ne pas entrer en tentation, etc.

Dans le discours après la Cène, relaté par S. Jean (chapitres 14-17), Jésus nous exhorte spécialement à cette prière de demande.

Sept fois, le Christ invite ses disciples à prier,

Sept fois, il déclare que cette prière sera exaucée.

En cette heure où Jésus va accomplir le salut de toute l'humanité dans l'obéissance à son Père, il manifeste l'importance de la prière : « *Amen, Amen, je vous le dis : si vous demandez quelque chose à mon Père en invoquant mon nom, il vous le donnera. Jusqu'ici vous n'avez rien demandé en invoquant mon nom; demandez, et vous recevrez; ainsi vous serez comblés de joie* » (Jn 16,23-24).

L'efficacité de notre prière reste cependant obscure car elle se fait dans la foi.

---

[2] *Id.*, n° 306.

Ce « livret de prière » est une réponse à tous ceux, membres de la fraternité Notre-Dame de Montligeon, pèlerins du sanctuaire, qui ont exprimé ce souhait : aidez-nous à vivre dans la prière ce mois de novembre avec les êtres chers qui nous ont quittés.

Nous espérons prier en communion avec eux, guidés par l'Esprit Saint et animés du grand désir de rencontrer la Trinité sainte et avec elle, ceux que nous aimons et qui nous ont « précédés sur l'autre rive ».

Paul Préaux
Recteur

« *Je souffre la nuit pour les âmes du purgatoire et le jour pour la conversion des pécheurs [...]. La pratique de la prière pour la délivrance du purgatoire est, après celle pour la conversion des pécheurs, la plus agréable à Dieu*[3]. »

---

[3] *Le Curé d'Ars, sa pensée, son cœur,* par l'Abbé B. Nodet, coll. « Foi vivante », 1966.

Je voudrais remercier très chaleureusement les sœurs Bénédictines d'Argentan, qui nous ont apporté, non seulement leur soutien spirituel dans l'élaboration de ce livret, mais aussi le fruit de leur lectio divina. Elles nous permettent ainsi d'entrer dans la prière du Seigneur pour tous les défunts en purgatoire et de devenir nous-mêmes des « louanges » à la Gloire du Père.

PRÉSENTATION

Dans ce livret nous vous proposons de vivre quatre semaines de prière.

Chacune est plus spécialement stimulée par une idée forte, avec un exposé doctrinal :

1re semaine :
Méditation du Saint Nom de Jésus
2e semaine :
Méditation du Sacré Cœur de Jésus
3e semaine :
Méditation de la Passion de Jésus
4e semaine :
Méditation avec Notre-Dame

À l'intérieur de chaque semaine, chaque jour a sa structure propre avec :
– une invocation,
– une prière jaculatoire à la manière des « anciens »,
– la Parole de Dieu,

– l'intercession ou la litanie qui se termine par une prière,

– un ou plusieurs textes courts.

Au terme de ces quatre semaines, nous avons mis un florilège de prières et de textes d'auteurs connus ou moins connus.

DISPOSITIONS INTÉRIEURES

Avant de commencer ce mois de prière, demandons à Dieu le Père, la grâce de vivre en communion de charité avec tous les hommes, vivants ici-bas ou défunts. Si cela est nécessaire, n'hésitons pas à faire une démarche pénitentielle, sacramentelle ou non.

Avec les Apôtres Pierre et Thomas nous pouvons nous écrier :

« Seigneur, à qui irions-nous?
Tu as les paroles de la Vie Éternelle » (Jn 6,68)
« Mon Seigneur et mon Dieu » (Jn 20,29)

Avec l'Église, nous appelons l'Esprit de Pentecôte :

Viens, Esprit Saint, en nos cœurs,
Et envoie du haut du ciel
Un rayon de ta lumière.

Viens en nous, père des pauvres,
Viens, dispensateur des dons,
Viens, lumière de nos cœurs.

Consolateur souverain,
Hôte très doux de nos âmes,
Adoucissante fraîcheur.

Dans le labeur, le repos,
Dans la fièvre, la fraîcheur,
Dans les pleurs, le réconfort.

Ô lumière bienheureuse,
Viens remplir jusqu'à l'intime,
Le cœur de tous tes fidèles.

Sans ta puissance divine,
Il n'est rien en aucun homme,
Rien qui ne soit perverti.

Lave ce qui est souillé,
Arrose ce qui est aride,
Guéris ce qui est blessé.

Assouplis ce qui est raide,
Réchauffe ce qui est froid,
Rends droit ce qui est faussé.

À tous ceux qui ont la foi,
Et qui en toi se confient,
Donne tes sept dons sacrés.

Donne mérite et vertu,
Donne le salut final,
Donne la joie éternelle [4].

[4] Séquence de la Pentecôte : *Veni sancte Spiritus.*

PRIÈRE À NOTRE-DAME DE MONTLIGEON

Avec Marie, nous unissons notre prière à celle qui a cru aux paroles de Jésus :

Notre-Dame Libératrice
Prends en pitié tous nos frères défunts
Spécialement ceux qui ont le plus besoin
De la miséricorde du Seigneur.
Intercède pour tous ceux qui nous ont quittés
Afin que s'achève en eux
L'Œuvre de l'Amour qui purifie.
Que notre prière unie à celle de toute l'Église
leur obtienne la joie qui surpasse tout désir
et apporte ici-bas consolation et réconfort
à nos frères éprouvés ou désemparés.
Mère de l'Église,
aide-nous, pèlerins de la terre,
à mieux vivre chaque jour
notre passage vers la Résurrection.
Guéris-nous de toute blessure
Du cœur et de l'âme.
Fais de nous des témoins de l'Invisible,

Déjà tendus vers les biens
Que l'œil ne peut voir,
Des apôtres de l'Espérance
Semblables aux veilleurs de l'aube.
Refuge des pécheurs
et Reine de tous les Saints,
Rassemble-nous tous un jour,
Pour la Pâque éternelle,
Dans la maison du Père,
Par Jésus-Christ notre Seigneur.
Amen.

Notre Dame de Montligeon,
priez pour nos défunts.

« Qu'ils soient déjà dans la lumière de Dieu ou encore en cheminement, les défunts sont des proches avec lesquels le langage de l'amour est toujours possible ; la prière en est la forme la plus haute et plus que jamais nécessaire. »

MÉDITATION DU SAINT NOM DE JÉSUS

Réflexion doctrinale

Nommer quelqu'un, c'est annoncer sa personnalité, ses qualités, ses fonctions. C'est aussi mettre sur nos lèvres des sentiments que l'on a dans son cœur pour autrui, avec une émotion sensible dont seul l'être humain est capable. Pensons tout simplement à la parole de l'ami qui appelle son ami.

Jésus ne serait-il pas pour le chrétien le « grand ami » ?

Dans l'Ancien Testament, le nom de Yahvé était si fort, si saint, si important que les hébreux n'osaient pas le prononcer. Ils avaient, envers lui, un immense respect car le nom contenait l'essence même de l'Être Divin et pas seulement un vocable abstrait. Ce Nom était un guide dans la vie de l'homme et le service de Dieu : *« Nous marcherons au nom de Yahvé, notre Dieu, pour toujours et à jamais »* (Michée 4,5).

Dans l'Évangile, les apôtres nous rapportent

cette même importance. C'est un ange du Ciel qui indique à Marie le nom de son Fils, le Verbe fait chair : *« Tu lui donneras le nom de Jésus »* (Lc 1,31).

Et c'est Jésus qui, avant d'annoncer sa passion à ses disciples, impose à Simon le vocable qui signifie sa fonction dans l'Église : *« Moi je te dis : tu es Pierre et sur cette pierre, je bâtirai mon Église »* (Mt 16,18).

Plus tard, les premiers chrétiens se sont exprimés avec cette façon caractéristique du judaïsme pour exprimer leur foi en la divinité : il est dit dans les Actes (Ac 5,41) que les apôtres étaient joyeux d'avoir été jugés dignes de souffrir des opprobres à cause du nom. La 3e lettre de S. Jean parle des prédicateurs qui se sont mis en route pour le nom (3 Jn 7).

À notre tour, en nous appuyant sur les textes de l'Écriture, interrogeons-nous : quel sens revêt notre langage, notre conversation, notre prière quand nos lèvres prononcent le Nom de Jésus ?

Quatre textes du Nouveau Testament peuvent éclairer notre réflexion.

S. Paul écrit au Philippiens : *« Dieu lui a donné (à Jésus) le Nom qui est au-dessus de tout nom, pour que tout, au nom de Jésus, s'agenouille, au plus haut des cieux, sur la terre et aux enfers »* (Ph 2,9-10).

S. Luc, le narrateur des Actes des Apôtres,

relate un fait sans précédent, la guérison immédiate, miraculeuse d'un grand infirme par Pierre : *« Au nom de Jésus-Christ le nazaréen, marche! »* (Ac 3,6).

Emprisonné avec Jean, Pierre déclare solennellement : *« Il n'y a pas sous le ciel d'autre nom donné aux hommes par lequel nous devions être sauvés »* (Ac 4,12).

À ses disciples réunis au cénacle, avant la Passion, Jésus révèle un secret : *« En vérité, en vérité, je vous le dis, si vous demandez quelque chose à mon Père en mon nom, il vous le donnera. Jusqu'à présent, vous n'avez rien demandé en mon nom »* (Jn 16,23-24).

Pour inspirer, féconder notre prière pour les âmes du purgatoire, regardons les trois idées-force qui se dégagent de ces textes.

Le nom de ***Jésus*** a une puissance interne infinie qui transcende tout le cosmos. Nous sommes après la résurrection, et cette hymne de l'Épître aux Philippiens, synthèse admirable de la théologie du Serviteur de Dieu, place devant nos yeux de façon extrêmement vivante le modèle incomparable de la vie du Christ. C'est parce que le Fils de Dieu s'est humilié et abaissé, par obéissance à son Père, jusqu'à mourir sur une croix pour notre rachat qu'il reçoit au ciel cette adoration. *« Tous les êtres créés, les hommes qui* *vivent encore sur la terre ou dont les corps sont déjà dans la terre [...] devront s'incliner devant Jésus, de bon gré et avec joie ou bien grinçant des dents en une rage impuissante*[5]. » L'univers entier, le Christ l'a parcouru, il est monté et il est descendu dans les régions inférieures[6] afin de réconcilier par lui toutes choses en les dirigeant vers lui, aussi bien sur la terre que dans les cieux, en faisant la paix par le sang de sa Croix (Col 1,19-20). Lorsque l'Écriture sainte ou les symboles de foi parlent de la descente du Christ aux enfers, il s'agit du séjour des morts où ceux-ci vivaient dans l'attente de leur rédemption, en une sorte de captivité puisque l'accès à la pleine vie n'était pas ouvert tant que le Christ ne l'avait pas obtenu aux hommes par sa mort. De nos jours, l'enfer n'est pas quelque chose d'extérieur au pécheur : c'est son refus d'aimer Dieu avec toutes les conséquences qu'il implique pour lui-même. Jésus est ***Sauveur.*** Le Christ est Vie, Lumière, Vérité et Voie. Quelle sera notre attitude en face de cette vie, de cette lumière et de cette voie ? La foi sera la réponse de notre personne à la personne du Christ, une réponse en acte dans un engagement de tout notre être et dans la confiance. La vie

---

[5] P. G.M. BELHER, *Saisi par le Christ Jésus*, éd. Téqui, 1986.

[6] Explication de Dom OURY dans le *Dictionnaire de la foi catholique :* « lieu d'en-bas par opposition à la terre des vivants (Enfer) ».

éternelle sera la continuité de cette foi pour tous. Et, dans notre prière pour les défunts, pour les êtres chers qui nous ont quittés, disparaissant à nos yeux de chair, acceptons qu'il ne nous soit pas donné d'autres signes. Comme le disciple bien-aimé reposant sur la poitrine du Maître, dans la prière avec foi, appelons Jésus de ce nom béni, *« car c'est lui qui sauvera son peuple de ses péchés »* (Mt 1,21) et nommons avec conviction ceux que nous aimions ici-bas.

Appeler Jésus, l'écouter, l'aimer, c'est faire route avec lui. Le Père des Cieux vient à nous par ce même chemin et la rencontre a lieu dans notre cœur. La confidence faite par Jésus à ses apôtres, et que Jean nous révèle dans le discours après la Cène (Jn 16,23-24), est un mystère d'amour. Il est vrai que le Christ nous laisse sur terre alors qu'il retourne « au Père », mais il ne fait que nous précéder dans une maison devenue la nôtre à laquelle nous sommes promis. Un Père nous y attend. Demandons et prions Jésus d'écouter nos demandes, celles qui sont formulées, les autres aussi qui restent sur nos lèvres. Le chrétien est un combattant pacifique du Royaume pour lui et pour son prochain. En conclusion de cette brève réflexion, voici ce que disait le pape Jean-Paul II le 24 novembre 1984 : *« Jésus est notre prière. Que ceci soit la première pensée de foi quand nous voulons prier. En* *se faisant homme, le Verbe de Dieu a assumé notre humanité, pour la conduire à Dieu le Père, comme créature nouvelle capable de dialoguer avec lui, de le contempler, de vivre avec Dieu une communion surnaturelle de vie moyennant la grâce. »*

La prière à Jésus

Bref historique

Les moines du désert, au Sinaï ou en Égypte, ont très tôt prié le nom de Jésus. L'invocation toute simple leur était devenue comme une respiration, un dialogue intérieur où le Christ, devenu l'Unique Maître de leur âme, faisait connaître sa volonté. Le nom de Jésus entre dans notre vie comme une lampe dans les ténèbres, comme un lever de soleil [7]. À leur suite, d'autres moines et ermites au long des siècles et sous d'autres latitudes (Mont Athos, à Byzance et même dans la Russie du xve siècle) ont aimé prier dans le silence du cœur en répétant :

« Seigneur Jésus, aie pitié de moi. »

Dans un double mouvement d'élan vers Jésus et d'humilité profonde, accueillons deux témoi-

[7] Hesychius le Sinaïte.

gnages plus connus, plus proches de nous dans le temps.

D'abord S. Bernard : « Jésus est un miel dans la bouche, une mélodie à l'oreille, une jubilation dans le cœur. Mais, il est aussi remède. Quelqu'un est-il triste ? Que Jésus vienne dans son cœur et que de là il jaillisse dans sa bouche. Quelqu'un tombe-t-il dans les crimes ? S'il invoque le nom même de la vie, ne respirera-t-il pas aussitôt l'air de la vie [8] ? »

Ensuite Charles de Foucauld : « *Jésus, Sauveur,* quelle aurore *d'espérance* dans ce doux nom ! [...] "*Tu le nommeras* Jésus *car il sauvera son peuple de ses péchés*" (Mt 1,21). [...] C'est bien l'espérance que nous apporte l'ange en annonçant à Joseph que *Sauveur* sera le nom du Messie, que notre *salut* sera le but de sa venue. [...] C'est le pardon, c'est la grâce pour nous dans ce monde et c'est le salut dans l'autre, si nous recevons, si nous acceptons ici-bas la grâce et le pardon [9]. »

« Ô soyez éternellement béni, divin et si doux nom de Jésus. »

Pour essayer de comprendre cette invocation

---

[8] BERNARD DE CLAIRVAUX, *Sermon* 15 sur le Cantique des cantiques.

[9] Charles de FOUCAULD, *En vue de Dieu seul,* Nouvelle Cité, nouvelle édition 1999, p. 224.

jaculatoire adressée à Jésus par les moines d'Égypte et les priants de tous les siècles, il faut regarder l'Écriture Sainte. L'invocation *« Seigneur Jésus Christ, Fils de Dieu, aie pitié de moi, pécheur »* est un amalgame, si l'on peut parler ainsi, de plusieurs prières évangéliques :

– le cri de deux aveugles : « Fils de David, aie pitié de nous » (Mt 9,27) ;

– l'humble demande du Publicain : « Ô Dieu, aie pitié de moi, pécheur » (Lc 18,13).

La langue grecque employée par S. Luc suggère une soif d'apaisement et de réconciliation. L'imploration humble qui supplie la bonté de Dieu est une adhésion du cœur et de la volonté aimante du Seigneur. C'est une confession de la foi que Paul proposa à son gardien dans la prison de Philippes. *« Crois au Seigneur Jésus et tu seras sauvé, toi et les tiens »* (Ac 16,31).

Nous sommes tous invités par l'Église d'aujourd'hui à entrer dans ce mouvement.

Jésus, Fils unique du Père,
Plein de grâce et de vérité,
Lumière qui illumine tout homme,
Donne à celui qui te cherche d'un cœur sincère l'abondance de ta vie [10].

---

[10] Prière de JEAN-PAUL II, préparatoire au Grand Jubilé de l'an 2000.

L'ordre des frères mineurs (franciscains) avec S. Bernardin de Sienne encouragea au XVe siècle la dévotion au saint nom de Jésus et en fit une fête spéciale. Les litanies furent-elles composées à cette époque ? Nous ne pouvons le préciser, mais elles sont attestées dès le siècle suivant et furent approuvées par le pape Léon XIII en 1886. Consacrées aux attributs de Jésus, elles peuvent devenir pour chaque chrétien une clé qui ouvre le ciel, une offrande cachée de chaque personne vivante ou défunte, de chaque événement joyeux ou douloureux, au Roi du Ciel. Le plus populaire des saints russes modernes, S. Séraphin de Sarov (XVIIIe s.) vivait en union étroite avec le Christ et l'appelait : Seigneur Jésus-Christ, Fils de Dieu, aie pitié de moi. C'était là suivre le conseil de l'apôtre en priant sans cesse. Il témoignait ainsi que le nom très doux de Jésus renferme la force et la présence de Dieu, que le prononcer met l'âme en mouvement vers lui au milieu même du tumulte de la vie quotidienne.

LITANIES
DU SAINT NOM DE JÉSUS

Seigneur, ayez pitié.
Christ, ayez pitié.
Seigneur, ayez pitié.
Jésus, écoutez-nous.
Jésus, exaucez-nous.
Père céleste, qui êtes Dieu,
ayez pitié de nous.
Fils, Rédempteur du monde, qui êtes Dieu,
ayez pitié de nous.
Esprit Saint, qui êtes Dieu, ayez pitié.
Sainte Trinité qui êtes un seul Dieu,
ayez pitié.
Jésus, Fils du Dieu vivant, ayez pitié.
Jésus, splendeur du Père, ayez pitié.
Jésus, éclat de la lumière éternelle,
ayez pitié.
Jésus, Roi de gloire,
ayez pitié.
Jésus, soleil de justice,
ayez pitié.
Jésus, Fils de la Vierge Marie,

ayez pitié.
Jésus, digne d'amour,
ayez pitié.
Jésus, digne d'admiration,
ayez pitié.
Jésus, Dieu fort,
ayez pitié.
Jésus, Père du monde à venir,
ayez pitié.
Jésus, messager de la grande nouvelle,
ayez pitié.
Jésus tout-puissant,
ayez pitié.
Jésus, très patient,
ayez pitié.
Jésus très obéissant,
ayez pitié.
Jésus doux et humble de cœur,
ayez pitié.
Jésus qui aimez la pureté,
ayez pitié.
Jésus qui nous aimez,
ayez pitié.
Jésus, Dieu de paix,
ayez pitié.
Jésus, auteur de la vie,
ayez pitié.
Jésus, modèle des vertus,
ayez pitié.

Jésus, brûlant de l'amour des âmes,
ayez pitié.
Jésus, notre Dieu,
ayez pitié.
Jésus, notre refuge,
ayez pitié.
Jésus, Père des pauvres,
ayez pitié.
Jésus, trésor des croyants,
ayez pitié.
Jésus, bon pasteur,
ayez pitié.
Jésus, vraie lumière,
ayez pitié.
Jésus, sagesse éternelle,
ayez pitié.
Jésus, bonté infinie,
ayez pitié.
Jésus, notre chemin de vie,
ayez pitié.
Jésus, joie des anges,
ayez pitié.
Jésus, roi des patriarches,
ayez pitié.
Jésus, chef des apôtres,
ayez pitié.
Jésus, maître des évangélistes,
ayez pitié.
Jésus, force des martyrs,

ayez pitié.
Jésus, lumière des confesseurs,
ayez pitié.
Jésus, pureté des vierges,
ayez pitié.
Jésus, couronne de tous les saints,
ayez pitié.
Montrez-vous bienveillant,
pardonnez-nous Jésus.

Montrez-vous bienveillant,
exaucez-nous Jésus.
De tout mal,
libérez-nous Jésus.
De tout péché,
libérez-nous.
De votre colère,
libérez-nous.
Des pièges du démon,
libérez-nous.
De l'esprit de luxure,
libérez-nous.
De la mort éternelle,
libérez-nous.
Du mépris de vos inspirations,
libérez-nous.

Par le mystère de votre sainte incarnation,
libérez-nous.

Par votre naissance,
libérez-nous.
Par votre enfance,
libérez-nous.
Par votre vie toute divine,
libérez-nous.

Par vos travaux,
libérez-nous.
Par votre agonie et votre passion,
libérez-nous.
Par votre croix et votre délaissement,
libérez-nous.
Par vos souffrances,
libérez-nous.
Par votre mort et votre mise au tombeau,
libérez-nous.
Par votre résurrection,
libérez-nous.
Par votre ascension,
libérez-nous.
Par l'institution de votre sainte Eucharistie,
libérez-nous.
Par vos joies,
libérez-nous.
Par votre gloire,
libérez-nous.
Agneau de Dieu, qui enlevez les péchés du monde,
pardonnez-nous, Jésus.

Agneau de Dieu, qui enlevez les péchés du monde,
exaucez-nous, Jésus.
Agneau de Dieu, qui enlevez les péchés du monde,
ayez pitié de nous, Jésus.
Jésus,
écoutez-nous.
Jésus,
exaucez-nous.

Prions :

Fais-nous vivre à tout moment, Seigneur, dans l'amour et le respect de ton saint nom, toi qui ne cesses jamais de guider vers la vie éternelle ceux que tu enracines solidement dans ton amour. Par Jésus Christ, amen.

La charité exige que nous venions en aide au prochain quand il se trouve dans la nécessité d'être secouru et que nous le pouvons, sans grand inconvénient. Or, c'est certain, les âmes du purgatoire sont encore pour nous au rang du prochain. Bien que n'étant plus en cette vie, ces âmes ne laissent pas d'avoir part à la communion des saints [11].

---

[11] Alphonse de Liguori, *Le Grand moyen de la prière*, trad. F. Lupi, 1986.

DIMANCHE

Seigneur Jésus-Christ, Fils de Dieu,
prends pitié de nous pécheurs.

ÉVANGILE : S. MATTHIEU 5,3-12

Heureux ceux qui ont une âme de pauvre car le royaume des cieux est à eux. Heureux les doux, ils posséderont la terre. Heureux ceux qui pleurent, ils seront consolés. Heureux ceux qui ont faim et soif de la justice, ils seront rassasiés. Heureux les miséricordieux, ils obtiendront miséricorde. Heureux les cœurs purs, ils verront Dieu. Heureux ceux qui travaillent à la paix, ils seront appelés fils de Dieu. Heureux ceux qui souffrent persécution pour la justice, le royaume des cieux est à eux. Heureux serez-vous, lorsqu'on vous insultera, qu'on vous persécutera et qu'on dira faussement contre vous toute sorte de mal, à cause de moi. Réjouissez-vous et exultez car votre récompense est grande dans les cieux. C'est ainsi, en effet, qu'on a persécuté les prophètes qui vous ont précédés.

PRIÈRE D'INTERCESSION

Béni sois-tu Seigneur, avec les pauvres de cœur d'hier et d'aujourd'hui. Que grandisse dans l'Église et dans le monde la faim de ta Parole.

R/ *En toi je me confie,*
J'ai dit : mon Dieu, c'est Toi,
En tes mains, ma vie et mon éternité.

Béni sois-tu Seigneur, avec les artisans de paix d'hier et d'aujourd'hui. Que la force de l'amour l'emporte sur celle des armes. *R/*

Béni sois-tu Seigneur, avec les miséricordieux d'hier et d'aujourd'hui. Que les peuples et les familles connaissent la joie de la réconciliation. *R/*

Béni sois-tu Seigneur, avec les martyrs d'hier et d'aujourd'hui. Que leur sang versé soit une semence de chrétiens. *R/*

Béni sois-tu Seigneur, pour tous ceux qui meurent en toi. Que ta miséricorde les illumine et les purifie entièrement de toutes leurs fautes. *R/*

PRIÈRE

Béni sois-tu Seigneur, Dieu de tendresse et

d'amour, toi auprès de qui les âmes des défunts exultent de bonheur, nous rendons grâce à ton ineffable bonté. Daigne accueillir les âmes de tes fils et filles marqués à ton image et rachetés par le sang précieux de ton Fils. Qu'ils jouissent de la consolation de la lumière éternelle et entrent dans la joie que tu as promise [12].

TEXTES BREFS

Entre les jours, entre les âges, le huitième brille, plus saint, toi premier des ressuscités, Jésus, en toi tu le consacres ! Tout d'abord accorde à nos âmes de ressusciter avec toi. Avec toi que nos corps se lèvent, gardés de la seconde mort ! Qu'ensuite, ô Christ, sur les nuées, vers toi nous soyons emportés. Nous vivrons toujours avec toi qui es Vie et Résurrection. Puissions-nous en voyant ta face être conformés à ta gloire. Te connaître tel que tu es, lumière et douceur véritable. Quand tu nous remettras au Père comblés des sept dons de l'Esprit, pleins de joie, que la Trinité mène à son terme le Royaume [13].

Dieu étant éternel, son amour est éternel comme lui et en conséquence, quand il envoie

---

[12] Rituel monastique n° 53.
[13] Hymne *Dies aetasque.*

un rayon de son amour sur sa créature et qu'elle l'accepte, il l'éternise. Dieu éternise ses amis et les entraînera dans l'immortalité, âme et corps, en sorte que tout l'être sera sauvé et pas seulement les âmes. On sait bien que l'âme s'en va tout de suite vers l'immortalité, mais elle attend son corps pour la résurrection [14].

Consoler, c'est pouvoir apporter à autrui quelque chose de plus vrai que sa douleur. Consoler, c'est faire vivre une espérance. Consoler, c'est laisser voir en nous à celui qui souffre l'amour de Dieu pour lui [15].

Souvenez-vous que la Passion du Christ s'achève toujours dans la joie de la Résurrection du Christ. Aussi, lorsque dans votre cœur vous éprouvez les souffrances du Christ, souvenez-vous que la Résurrection doit venir, que la joie de Pâques doit se lever. Ne laissez jamais aucun chagrin vous habiter au point d'en oublier la joie du Christ ressuscité [16].

---

[14] Cardinal Journet, *Les Fins dernières,* 1961.

[15] *Mgr Ghika l'Apôtre du XXe siècle,* par Jean Daujat, éd. Palatine, Genève 1956.

[16] Mère Teresa, Recueil de prières.

Je veux passer mon ciel à faire du bien sur la terre. Je ne pourrai prendre aucun repos jusqu'à la fin du monde[17].

---

[17] THÉRÈSE DE L'ENFANT JÉSUS, « Carnet Jaune », juillet 1887, à Mère Agnès à l'infirmerie.

LUNDI

Jésus, Fils de la Vierge Marie,
prends pitié de nous pécheurs.

ÉVANGILE : S. LUC 7,37-38.47

Et voici une femme qui, dans la ville, était pécheresse. Ayant appris que Jésus était à table dans la maison du Pharisien, elle avait apporté un vase de parfum. Et se plaçant par derrière, à ses pieds, tout en pleurs, elle se mit à lui arroser les pieds de ses larmes et elle les essuyait avec ses cheveux, les couvrait de baisers, les oignait de parfum… À cause de cela, je te le dis, ses péchés, ses nombreux péchés lui seront remis parce qu'elle a montré beaucoup d'amour.

PRIÈRE D'INTERCESSION

R/ Jésus, Fils de la Vierge Marie,
prends pitié de nous.

Souviens-toi de ceux qui ont peiné tout au long de leur pèlerinage terrestre, dans l'errance morale et ses substituts, afin que les larmes de Ste Monique et de tant de mères à qui la drogue, l'argent ou la faim volent leurs enfants… nous incitent à pleurer nos péchés et ceux des autres et à implorer de Toi le pardon.

Souviens-toi de tous les défunts qui attendent encore que s'ouvre pour eux la porte du Ciel, afin que purifiés des peines dues au péché, l'intercession de Notre-Dame, mère du Christ ressuscité, leur obtienne d'entrer dans la plénitude de la joie et de la lumière.

PRIÈRE

Dieu, Père de toutes les nations, laisse-toi fléchir par nos humbles prières, tu as voulu qu'au Nom de Jésus tous les hommes trouvent le salut, accorde-nous le secours de ta bienveillante indulgence pour être admis au festin dans ton Royaume.

TEXTES BREFS

Il y a des personnes qui laissent derrière elles comme un surplus d'amour, de souffrance supportée, de pureté et de vérité, qui se déverse sur les autres et les soutient [18].

Avec ses larmes, c'est ainsi que cette femme dont parle l'Évangile s'est débarrassée de son péché et de la mauvaise odeur de son égarement. C'est ainsi qu'elle s'est purifiée de sa faute en lavant les pieds de Jésus avec ses larmes. Puisses-tu me réserver à moi aussi, Jésus, le soin de laver tes pieds que tu as salis tandis que tu marchais en moi ! Puisses-tu me présenter, pour que je les lave, les souillures de tes pieds que j'ai attachées à tes pas par ma conduite ! Mais où trouverai-je l'eau vive avec laquelle je pourrai laver tes pieds ? Si je n'ai pas d'eau, j'ai mes larmes. Puissé-je en lavant tes pieds avec elles me purifier moi-même [19] !

---

[18] JEAN-PAUL II, Bulle d'indiction du Grand Jubilé, le mystère de l'incarnation, n° 10.

[19] AMBROISE DE MILAN, *La Pénitence,* coll. « Sources Chrétiennes » n° 179.

MARDI

Jésus, auteur de la vie,
prends pitié de nous pécheurs.

ÉVANGILE : S. LUC 12,35-37

Que vos reins soient ceints et vos lampes allumées. Soyez semblables à des gens qui attendent leur maître à son retour de noces pour lui ouvrir, dès qu'il viendra et frappera. Heureux ces serviteurs que le maître en arrivant trouvera en train de veiller ! En vérité, je vous le dis, il se ceindra, les fera mettre à table et passant de l'un à l'autre, il les servira.

PRIÈRE D'INTERCESSION

R/ Jésus, viens à notre aide,
hâte-toi de nous secourir.

Tu as purifié le lépreux venant à ta rencontre sur la route de Galilée (Mt 8,2-4). Tu as guéri la femme malade depuis tant d'années, mais si forte dans sa foi (Mt 9,20-22).

R/ Jésus, viens à notre aide,
hâte-toi de nous secourir,
de nous laver de toutes les taches dont
le passé nous a couverts.

Tu as justifié le Publicain et fait miséricorde à la Cananéenne (Mt 15,22-28). Tu as ouvert au larron les portes du paradis (Lc 23,43).

R/ Jésus, viens à notre aide,
hâte-toi de nous secourir
et de nous donner ce cœur humble
qui reconnaît son Sauveur.

Tu as appelé beaucoup de convives au festin du Royaume (Mt 22,9-10). Tu as nourri une foule et tes disciples. Tout au long de notre pèlerinage terrestre, tu nous nourris du pain de l'Eucharistie.

R/ Jésus, viens à notre aide,
hâte-toi de nous secourir,
de nous rendre la tenue de noces
pour nous admettre au banquet
de la Vie Éternelle.

PRIÈRE

Dieu Saint, nous avons appris de toi que nous sommes voyageurs et pèlerins ici-bas, aide-nous à ne pas nous attacher aux joies fallacieuses et ouvre la porte du Ciel aux fidèles défunts afin qu'ils jouissent, avec toi, du bonheur éternel promis.

TEXTES BREFS

Nous savons que le Seigneur nous a été envoyé pour être notre rédempteur, notre vie et notre salut, notre miséricorde, notre grâce gratuite… que notre âme, non pas comme morte, mais pleine de vie, cherche le Seigneur [20] !

Jésus est le bon samaritain. Il chargea le blessé sur sa monture, c'est-à-dire sur son propre corps ; il a en effet daigné assumer l'humanité. Ce samaritain porte nos péchés et souffre pour nous ; il porte le moribond et le conduit dans une auberge, c'est-à-dire dans l'Église qui accueille tous les hommes, ne refuse son secours à personne et où tous sont conviés par Jésus [21].

---

[20] JEAN CHRYSOSTOME, *Sermon* 12, supplément à la Patrologie grecque.

[21] ORIGÈNE, *Homélie* 34, 6-9 sur l'évangile de Luc, coll. « Sources Chrétiennes » n° 87.

MERCREDI

Jésus, Père des pauvres,
prends pitié de nous, pécheurs.

ÉVANGILE : S. JEAN 17,24-26

Père, ceux que tu m'as donnés, je veux que là où je suis, eux aussi soient avec moi et qu'ils contemplent ma gloire, celle que tu m'as donnée parce que tu m'as aimé avant même la création du monde. Père juste, je leur ai fait connaître ton nom et je le leur ferai connaître pour que l'amour dont tu m'as aimé soit en eux et moi en eux.

PRIÈRE D'INTERCESSION

R/ *À notre voix, Jésus,*
Père des pauvres, daigne prêter l'oreille.

Pardonne à ceux qui ont déshonoré ton Nom, par leur conduite et par leur vie. *R/*

Pardonne à ceux qui ont attenté à leur vie, parce qu'ils étaient malades, humiliés, inutiles, rassasiés d'opprobres. *R/*

Pardonne à ceux qui, mal aimés de nos familles, ont accueilli ton nom dans l'indifférence et le mépris. *R/*

Pardonne-nous de n'avoir pas ouvert les portes de nos églises, de nos maisons, à tous ceux que tu nous envoyais comme des enfants bien-aimés. *R/*

PRIÈRE

Dieu très aimant, tu as envoyé ton Fils unique dans le monde pour libérer l'homme de son péché, accorde à ceux qui t'appellent du fond du cœur d'être vraiment libres pour t'aimer. Aux défunts, donne, par les mérites de ton Fils, l'héritage promis à ceux qui ont un cœur de pauvre.

TEXTES BREFS

Car pour tous ceux qui croient en Toi, Seigneur, la vie n'est pas détruite [22].

---

[22] Préface I des défunts.

Notre fin doit être notre achèvement, notre perfection, c'est le Christ… Tu es dans la joie, reconnais un Père qui te caresse ; tu es dans l'épreuve, reconnais un père qui te reprend ; qu'il caresse ou qu'il reprenne, il forme celui auquel il destine l'héritage [23].

Accorde le repos à l'âme de mon père. Pardonne-lui toute faute commise en parole, action ou pensée, parce que tu es bon et que tu aimes les hommes. Oui, seul tu es Dieu. Tu donnes le repos à l'âme de mon père car tu es le repos, la vie, la résurrection. À toi nous rendons gloire, Père, Fils et Saint-Esprit [24].

Le purgatoire est une purification, une sorte d'allégement progressif de ce qu'il y a de trop dans notre bagage terrestre pour trouver Dieu [25].

---

[23] AUGUSTIN D'HIPPONE sur Ps 54.

[24] Prière Épitaphe, IVe siècle.

[25] Yves CONGAR, « Le Purgatoire » dans *Le Mystère de la mort et la célébration,* Paris 1951.

JEUDI

Jésus, notre chemin et notre vie,
prends pitié de nous, pécheurs.

ÉVANGILE : S. JEAN 5,24

Oui, vraiment, je vous le dis, celui qui écoute ma parole et croit au Père qui m'a envoyé est déjà passé de la mort à la vie.

PRIÈRE D'INTERCESSION

Seigneur, nous tournons vers toi nos regards quand nous pensons aux êtres chers qui nous ont quittés. Affermis notre espérance de les revoir auprès de toi dans la vie qui ne finit pas.

R/ Vers toi monte ma louange,
ô Dieu, toi qui écoutes la prière.

Vers toi vient toute chair,
à toi on apporte ses fautes,

ces fautes qui nous accablent
et tu les effaces. *R/*

Vers toi viennent ceux que tu as choisis
et pris à ton service dans tes parvis.
Tu apaises leur faim des biens de ta Maison,
leur désir de la sainteté de ton peuple. *R/*

Vers Toi convergent les confins de la terre et des îles lointaines, Dieu de leur salut ta justice fait des prodiges de miséricorde. Tu visites la terre et tu l'abreuves. *R/*

PRIÈRE

Dieu tout-puissant, ne permets pas que la tristesse et la fatigue nous abattent. Soutiens-nous de ta force et de ta présence, médecin céleste. Et accorde aux âmes des défunts que le salut retardé par leurs péchés soit hâté par l'indulgence de ta grâce.

TEXTES BREFS

Je crois, oui je crois qu'un jour, ton jour, ô mon Dieu, je m'avancerai vers toi avec mes pas titubants, avec toutes mes larmes dans mes mains et ce cœur merveilleux que tu nous as donné.

Un jour je viendrai et tu liras sur mon visage toute la détresse, tous les combats, tous les échecs des chemins de la liberté. Et tu verras tout mon péché.

Mais, je sais, ô mon Dieu… que devant toi, c'est merveilleux d'être si pauvre puisqu'on est tant aimé [26].

À l'exposition du Saint Sacrement et les heures d'adoration, c'est la porte du Ciel ouverte sur la terre. Et nous regardons à travers cette porte avec les yeux de la foi [27].

Même si nos défunts sont pécheurs, en offrant à Dieu des prières pour eux, ce n'est pas une couronne que nous tressons, mais le Christ immolé pour nos péchés que nous offrons, en cherchant par là à concilier la clémence de Dieu aussi bien pour eux que pour nous [28].

---

[26] Jacques Leclercq, *Le Jour de l'homme.*
[27] Jacques Maritain, *Carnet de notes.*
[28] Cyrille de Jérusalem.

VENDREDI

Jésus, Bon Pasteur,
prends pitié de nous, pécheurs.

ÉVANGILE : S. LUC 15,3-7.

Jésus leur dit cette parabole : lequel d'entre vous, s'il a cent brebis et vient à en perdre une, n'abandonne les quatre-vingt-dix-neuf autres dans le désert pour s'en aller après celle qui est perdue, jusqu'à ce qu'il l'ait retrouvée ? Et quand il l'a retrouvée, il la met tout joyeux sur ses épaules et, de retour chez lui, il rassemble amis et voisins et leur dit : « Réjouissez-vous avec moi, car je l'ai retrouvée ma brebis qui était perdue. » C'est ainsi, je vous le dis, qu'il y aura plus de joie dans le Ciel pour un seul pécheur qui se repent que pour quatre-vingt-dix-neuf justes qui n'ont pas besoin de repentir.

PRIÈRE

R/ Jésus, Bon Pasteur, aie pitié de nous.

Daigne libérer les âmes de l'accablement de leur passé, Toi qui nous as rachetés d'un si grand prix. *R/*

Daigne regarder toutes les âmes qui, sur cette terre, veulent porter la croix avec toi afin de faire profiter de cette générosité les âmes du purgatoire. *R/*

Daigne admettre à la contemplation de ton visage les âmes qui, au purgatoire, ont un si ardent désir de te voir. *R/*

Seigneur, nous sommes des serviteurs indignes de toi et nous sentons avec tristesse tout le mal qui fausse notre vie, réconforte et relève ceux qui ont foi en ton amour et introduis les âmes des défunts, au séjour de paix des rachetés.

TEXTES BREFS

Dieu (Père), vers qui se tourner, c'est se lever à nouveau et en qui demeurer, c'est trouver un solide appui, sortir de toi c'est mourir, revenir à toi c'est revivre, habiter en toi c'est vivre. Dieu grâce à qui la mort est absorbée dans sa victoire, Dieu qui nous purifies et nous prépares aux divines récompenses, sois-moi propice, toi mon Dieu [29].

J'éprouve une grande paix quand je pense au moment où le Seigneur m'appellera : de la vie à la vie ! C'est pourquoi monte souvent à mes lèvres, sans aucun sentiment de tristesse, une prière que le prêtre récite après la célébration eucharistique : « À l'heure de la mort, appelle-moi, et ordonne-moi de venir à Toi. » C'est la prière de l'espérance chrétienne, qui n'ôte rien à la joie de l'heure présente, tandis qu'elle confie le lendemain à la protection de la divine bonté [30].

---

[29] AUGUSTIN D'HIPPONE, *Soliloque,* Livre 1,3.
[30] JEAN-PAUL II, *Lettre aux personnes âgées,* 1999.

SAMEDI

Jésus, couronne de tous les saints,
prends pitié de nous.

ÉVANGILE : S. MATTHIEU 16,24-27

Alors Jésus dit à ses disciples : si quelqu'un veut venir à ma suite, qu'il se renie lui-même, qu'il se charge de sa croix et qu'il me suive. Qui veut en effet sauver sa vie la perdra, mais qui perdra sa vie à cause de moi la trouvera. Que servira-t-il donc à l'homme de gagner le monde entier s'il ruine sa propre vie ? Ou que pourra donner l'homme en échange de sa propre vie ?

PRIÈRE D'INTERCESSION

L'Évangile nous dit : « Cherchez et vous trouverez » (Lc 11,9).

À la vie divine, Seigneur, conduis les enfants et les pauvres que nous sommes tous, parfois ignorants des trésors de ton amour et négligents en face du chemin de la vérité.

L'Évangile nous dit : « Si tu savais le don de Dieu » (Jn 4,10).

À la vie divine, Seigneur, engendre les nouveaux baptisés de ce jour dans le monde entier, donne à ceux qui sont fatigués ton eau vive, la grâce sanctifiante qui coule sans mesure dans ton Église.

L'Évangile nous dit : « Frappez et l'on vous ouvrira » (Mt 7,7).

À la vie divine, Seigneur, accueille tous les hommes qui viennent de trouver la mort subitement et ouvre la porte de l'éternité à nos frères du purgatoire.

PRIÈRE

Nous te rendons grâce, Seigneur, car tu nous donnes ce que nous ne méritons pas. Tu es Dieu et tu nous aimes non à la manière des hommes, qui calculent et mesurent, mais d'une surabondance de miséricorde et de tendresse connue de toi seul. Tu t'es laissé crucifier pour que nous puissions boire les eaux vives de la grâce et parvenir avec tous les saints dans la Joie de ta maison.

TEXTES BREFS

« Je ne cesse de rendre grâce pour vous et de faire mémoire de vous dans mes prières. » Ces paroles de S. Paul aux Éphésiens (Ep 1,16) sont une espérance : l'intercession des saints est toujours en acte.

La carte de notre vie chrétienne, jouons-la en ***pointant sur le paradis!*** Cette certitude et cette attente ne nous détournent pas de nos engagements terrestres, au contraire, elles les purifient et les intensifient, comme en témoigne la vie de tous les saints. On naît uniquement pour aller au paradis [31].

La joie du ciel est comparable à la joie du purgatoire, car plus on est brûlé par le feu de l'amour purificateur, plus on se sent, on se voit redevenir pur et capable d'entrer en Dieu [32].

---

[31] Jean-Paul II, aux Jeunes.

[32] Catherine de Gênes, *Traité du purgatoire.*

MÉDITATION DU SACRÉ CŒUR DE JÉSUS

Réflexion doctrinale

Parler du Sacré-Cœur du Christ, c'est se tourner vers une réalité toujours actuelle. Le Christ est ressuscité, son corps est vivant et donc, son cœur de chair. Par la foi, nous pouvons élever notre âme vers la personne de Jésus pour honorer l'amour de Dieu pour nous, lui rendre grâce.

Dans un regard de foi, nous pouvons tourner notre cœur vers Jésus pour accueillir l'Amour de Dieu. Le Messie est annoncé avec beaucoup de précisions en ce qui concerne ses sentiments. Isaïe prophétise le Christ doux et humble de cœur, tandis que les psaumes montrent le Juste en plein accord avec la volonté de Dieu.

Dans le Nouveau Testament, le cœur du Christ est ***la révélation du Dieu Amour***. Il nous révèle l'Amour du Père qui a tellement aimé les hommes qu'il leur a donné son Fils unique.

Le culte du Sacré Cœur de Jésus est le culte de l'Amour dont Dieu nous a aimés par Jésus et, en même temps, il est l'exercice de l'amour que nous portons en nous-mêmes à Dieu et aux autres hommes [33].

Dans le Christ, vrai homme, réside la plénitude de la divinité et Dieu est Amour. Il est généreux parce qu'il aime – et aimer veut dire : prodiguer, veut dire donner… veut dire être pour tous, pour chacun. Pour chacun qui appelle, qui appelle parfois sans paroles… la générosité du cœur, témoigne du fait que l'amour n'est pas soumis aux lois de la mort, mais aux lois de la résurrection et de la vie [34].

Qui peut nous enseigner aujourd'hui la prière au Cœur de Jésus ?

Sur la croix, le Cœur du Christ fut transpercé par la lance du soldat romain. De cette blessure, signe de l'amour et de la miséricorde infinie, jaillirent du sang et de l'eau, image du torrent de grâce qui donna naissance à l'Église et qui, par l'effusion du Saint-Esprit, apporte aux âmes les richesses de la vie éternelle.

Le cœur de Jésus aime les pauvres, les malades, les pécheurs, les réfugiés, avec une préférence

---

[33] PIE XII, Lettre encyclique *Haurietis Aquas,* coll. « Ce que dit le pape », *Le Cœur de Jésus.*

[34] JEAN-PAUL II, Angélus du 27 juillet 1986, cité dans « Ce que dit le pape », *Le Cœur de Jésus.*

inouïe. Quand nous sommes devant l'Eucharistie, nous regardons l'Amour. L'Amour qui se donne, l'Amour qui nous sauve et nous appelle tous ensemble et chacun en particulier.

« Venez à moi, vous tous qui peinez et ployez sous le fardeau et moi je vous soulagerai » (Mt 11,28).

Cette angoisse du salut des âmes ressentie par Jésus et à sa suite par de nombreux saints, nous est proposée, pour tous les hommes. Ceux qui cheminent à nos côtés ou au loin et ceux qui ont achevé leur pèlerinage terrestre.

« Jésus, faites de moi le ravisseur des âmes, écrivait le père de Grandmaison, qui les jette en vous, qui les oriente vers votre unique beauté. Faites de moi le doigt qui indique l'Amour, la voix qui le chante [35]. »

Ils regarderont celui qu'ils ont transpercé (Jn 19,37)
Bref historique

L'Église à toujours contemplé et honoré le cœur du Christ comme la source de la Vie.

---

[35] P. Grandmaison, cité par le P. Ladame, *Le Cœur si passionné*, éd. Saint-Paul.

Et, sous le signe du cœur, c'est la personne du Christ, son amour infini que nous regardons avec gratitude.

Ste Gertrude d'Efta (moniale cistercienne en Saxe au XIIIe siècle) reçut cette mission de révéler le rôle et l'action du cœur de Jésus dans la sanctification des âmes. Mystique, l'Église a reconnu en ses écrits une traduction merveilleuse de l'amour infini du Cœur de Jésus. Don Guéranger dans *L'Année liturgique* – tome 10, p. 493, écrit : « Tantôt le Cœur divin lui apparaît comme un trésor où sont renfermées toutes les richesses, tantôt c'est une lyre touchée par l'Esprit Saint, aux sons de laquelle se réjouissent la sainte Trinité et le Ciel. Puis, c'est une source abondante dont le courant va porter le rafraîchissement aux âmes du purgatoire, les grâces fortifiantes aux âmes qui militent sur la terre… »

En France, au XVIe siècle, S. François de Sales et S. Jean Eudes seront des apôtres ardents. C'est à ce dernier que l'on doit l'Office et la Messe du Sacré Cœur.

Au XVIIIe siècle, les révélations faites à Ste Marguerite-Marie à Paray-le-Monial ont suscité un développement de ce culte rendu au Cœur de Jésus : « Voici le Cœur qui a tant aimé les hommes. » Pie IX en 1856 a confirmé la fête liturgique pour l'Église universelle. Plusieurs papes successifs ont publié des encycliques en soulignant les fondements bibliques et théologiques. Le document le plus important demeure *Haurietis Aquas* de Pie XII.

De mille manières et avec des sensibilités religieuses diverses, la pensée et la piété de l'Église se sont développées vis-à-vis du culte à rendre au cœur du Sauveur. Et de l'image visible, nous sommes conduits à la réalité invisible immensément supérieure à tous nos concepts humains.

Les litanies du Sacré Cœur, en la forme où nous les connaissons actuellement, trente-trois invocations qui veulent correspondre aux trente-trois années de la vie du Christ, furent approuvées en 1899.

Les litanies du Cœur de Jésus

« C'est une prière merveilleuse, centrée intégralement sur le mystère intérieur du Christ : Dieu-homme. Les litanies du Cœur de Jésus puisent avec abondance aux sources bibliques et, en même temps, reflètent les plus profondes expériences des cœurs humains. En elles, nous parlons du cœur, nous permettons aux cœurs de parler avec ce Cœur unique qui est :

source de vie et de sainteté
patient et miséricordieux

généreux envers tous ceux qui l'invoquent[36].

Avec la Petite Thérèse contemplons le Cœur de Jésus, disons-lui toute notre reconnaissance, notre amour et confions-lui nos joies et nos peines. « Je voudrais vous faire comprendre la tendresse du Cœur de Jésus… Combien il aime les âmes, même imparfaites, qui se confient en lui[37]. »

---

36 Jean-Paul II, Angélus du 27 juin 1982, cité dans « Ce que dit le pape », *Le Cœur de Jésus.*

37 Thérèse de l'Enfant Jésus, L.T. 258.

LITANIES
DU SACRÉ CŒUR DE JÉSUS

Seigneur, ayez pitié
Christ, ayez pitié
Seigneur, ayez pitié
Jésus, écoutez-nous
Jésus, exaucez-nous
Père céleste, qui êtes Dieu, ayez pitié de nous
Fils, Rédempteur du monde, qui êtes Dieu
ayez pitié…
Esprit Saint, qui êtes Dieu, ayez pitié…
Sainte Trinité, qui êtes un seul Dieu,
ayez pitié…
Cœur de Jésus, Fils du Père éternel,
ayez pitié…
Cœur de Jésus, que le Saint Esprit a formé
dans le sein de la Vierge Mère,
ayez pitié…
Cœur de Jésus,
uni à la personne du Verbe de Dieu,
ayez pitié…
Cœur de Jésus, plein d'une infinie majesté,
ayez pitié…

Cœur de Jésus, temple saint de Dieu,
ayez pitié…
Cœur de Jésus, tabernacle du Très Haut,
ayez pitié…
Cœur de Jésus, maison de Dieu et porte du Ciel,
ayez pitié…
Cœur de Jésus, brasier d'ardente charité,
ayez pitié…
Cœur de Jésus, sanctuaire de la justice et de l'amour,
ayez pitié…
Cœur de Jésus, plein de bonté et d'amour,
ayez pitié…
Cœur de Jésus, océan de toutes les vertus,
ayez pitié…
Cœur de Jésus, infiniment digne de toutes louanges,
ayez pitié…
Cœur de Jésus, roi et centre de tous les cœurs,
ayez pitié…
Cœur de Jésus, qui contenez tous les trésors de la sagesse et de la science,
ayez pitié…
Cœur de Jésus, en qui demeure la divinité dans toute sa plénitude,
ayez pitié…
Cœur de Jésus, en qui le Père met toute sa joie,
ayez pitié…

Cœur de Jésus, dont la plénitude se répand sur nous tous,

ayez pitié…

Cœur de Jésus, le désiré des collines éternelles,

ayez pitié…

Cœur de Jésus, patient et débordant de miséricorde,

ayez pitié…

Cœur de Jésus, riche pour tous ceux qui font appel à vous,

ayez pitié…

Cœur de Jésus, source de vie et de sainteté,

ayez pitié…

Cœur de Jésus, qui nous obtenez le pardon de nos péchés,

ayez pitié…

Cœur de Jésus, rassasié d'opprobres,

ayez pitié…

Cœur de Jésus, broyé à cause de nos crimes,

ayez pitié…

Cœur de Jésus, obéissant jusqu'à la mort,

ayez pitié…

Cœur de Jésus, percé par la lance,

ayez pitié…

Cœur de Jésus, source de toute consolation,

ayez pitié…

Cœur de Jésus, notre vie et notre résurrection,

ayez pitié…

Cœur de Jésus,
notre paix et notre réconciliation,
ayez pitié…
Cœur de Jésus, victime des pécheurs,
ayez pitié…
Cœur de Jésus, salut de ceux qui espèrent en vous,
ayez pitié…
Cœur de Jésus, espérance de ceux qui meurent en vous,
ayez pitié…
Cœur de Jésus, délice de tous les saints,
ayez pitié…
Agneau de Dieu, qui enlevez les péchés du monde,
pardonnez-nous Seigneur.
Agneau de Dieu, qui enlevez les péchés du monde,
exaucez-nous Seigneur.
Agneau de Dieu, qui enlevez les péchés du monde,
ayez pitié de nous, Seigneur.

V. Jésus, doux et humble de cœur.

R. Rendez notre cœur semblable au vôtre.

Prions. – Dieu éternel et tout-puissant, regardez le Cœur de votre Fils bien-aimé ; regardez les louanges et les réparations dont il s'acquitte au nom des pécheurs. Ceux qui implorent votre miséricorde, accordez-leur votre pardon au nom de votre Fils Jésus-Christ, qui vit et règne avec vous dans les siècles des siècles. Amen.

La sainteté de Dieu se répand sur toute l'Église et sur toutes les âmes qui en vivent, mais de façon inégale. Il y a des âmes toutes déifiées, mais il y en a d'autres qui sont comme fanées et à peines vivantes[38].

[38] Sœur FAUSTINE, *L'Icône du Christ miséricordieux*, éd. Saint-Paul, Paris-Fribourg 1973.

DIMANCHE

Cœur de Jésus,
Maison de Dieu et Porte du Ciel,
prends pitié de nous.

ÉPÎTRE : S. PAUL AUX ROMAINS 14,7-8

Nul d'entre nous ne vit pour soi-même, comme nul ne meurt pour soi-même. Si nous vivons, nous vivons pour le Seigneur et, si nous mourons, nous mourons pour le Seigneur. Donc, dans la vie, comme dans la mort, nous appartenons au Seigneur.

PRIÈRE

Seigneur, avant ma naissance, tu m'as connu, à ton image tu m'as formé. C'est à toi, mon créateur et mon Dieu, que je rendrai mon âme.

R/ Cœur de Jésus,
Maison de Dieu et Porte du Ciel,

prends pitié de nous.

De mes révoltes d'orgueil, mes suffisances et mon égoïsme, ramène-moi, corrige-moi, que l'amour me saisisse et me conduise.

Seigneur, mes péchés me font trembler et je rougis devant toi : lorsque tu viendras juger ne me condamne pas.

Seigneur, Père des miséricordes, en vénérant le Cœur de ton Fils bien-aimé, meurtri par nos péchés, nous disons les prévenances de ton amour qui accompagne chaque vie. Je te prie de délivrer les âmes du purgatoire, spécialement celles de ma famille qui attendent d'être réunies en ta maison pour trouver en toi le bonheur éternel.

TEXTES BREFS

Dans l'Église du Ciel, l'immense multitude de ceux qui voient Dieu est là et ils n'ont pas oublié la terre, ils prient sans cesse pour leurs frères cheminant ici-bas, ils envoient à tels d'entre ceux-ci leurs inspirations, ils assistent et illuminent les saints qui souffrent en ce monde. Ils ont leurs moyens à eux d'intervenir dans les affaires de cette Église qu'en quittant la terre ils n'ont certes pas quittée puisqu'au Ciel et sur la terre il n'y a qu'une seule Église sous deux états différents [39].

Au fond c'est le même feu qui damne en enfer, qui purifie en purgatoire, qui béatifie au ciel. Dieu ne change pas, le feu de l'amour est toujours le même. C'est nous qui sommes différents devant l'amour immuable et infini : si nous sommes totalement contraires à l'amour, le feu de Dieu nous torture ; si nous sommes capables de purification, ce feu nous purifie ; et si nous sommes unis à Dieu, ce feu nous béatifie [40].

---

[39] JEAN-PAUL II : « La foi en la vie éternelle que nous professons dans le Credo est une invitation à la joyeuse espérance de voir Dieu face à face. »

[40] François VARILLON, *Joie de croire, joie de vivre,* Centurion, Paris 1994, p. 203.

LUNDI

Cœur de Jésus,
brasier d'ardente charité,
prends pitié de nous

ÉVANGILE : S. MATTHIEU 11,28-29

Venez à moi, vous tous qui peinez et ployez sous le fardeau et moi je vous soulagerai. Chargez-vous de mon joug et mettez-vous à mon école, car je suis doux et humble de cœur et vous trouverez le soulagement pour vos âmes.

PRIÈRE

R/ Ô Dieu, tu donnes la vie et tu aimes éternellement les hommes, écoute nos prières.

Pour ceux qui meurent seuls, sans secours humains et sans espérance chrétienne, afin que la Passion de Jésus et les mérites de la communion des saints les fassent admettre dans le royaume des bienheureux, récompensés du bien caché qu'ils ont pu faire dans leur vie. *R/*

Pour ceux dont la maladie ou le handicap a été la compagne de toute la vie, afin que cette souffrance purificatrice leur obtienne la joie et le repos près de Dieu. *R/*

Seigneur Miséricordieux, compatissant et juste, nous t'en prions, accueille l'âme de ces défunts pour qui tu as versé ton sang. Souviens-toi, Seigneur, que nous sommes poussière et que l'homme est comme l'herbe et la fleur des champs. *R/*

Cœur de Jésus, illumine les ténèbres de la nuit terrestre et réchauffe le cœur des voyageurs, des réfugiés, des exilés, des sans domicile. Qu'ils parviennent un jour dans ta maison où tu les attends. *R/*

TEXTES BREFS

Nos bien-aimés sont cachés dans la lumière du Seigneur et vivent dans ce Ciel intérieur à nous-mêmes où nous rencontrons à la fois leur visage et celui du Seigneur [41].

---

[41] Maurice ZUNDEL.

Le purgatoire se trouve entre les bras de Dieu qui nous presse contre son cœur. Si l'on y pleure, c'est de se découvrir infiniment aimé. Ce n'est pas Dieu qui est loin, c'est nous qui tardons à ouvrir les yeux sur les splendeurs de son amour toujours offert. Le purgatoire est une étreinte d'amour. En nous inondant de sa miséricorde, notre Père nous purifie. Dans nos larmes se mêlent l'émerveillement et la confusion [42].

– Abba ! Dis-nous pourquoi nous, nous pleurons, et que toi qui es mourant, tu ris ?

– J'ai ri parce que vous craignez la mort ; j'ai ri une deuxième fois parce que vous n'êtes pas prêts, et j'ai ri une troisième fois car je quitte la peine pour le repos.

Aussitôt après ces paroles, il s'endormit [43].

---

[42] P. Louis SANKALÉ, *Avec Marie au pas de l'Esprit.*

[43] Récit des Pères du désert.

MARDI

Cœur de Jésus,
patient et débordant de miséricorde,
prends pitié de nous.

S. PAUL AUX ÉPHÉSIENS 3,17-19

… Que le Christ habite vos cœurs par la foi et que vous soyez enracinés, fondés dans l'amour. Ainsi, vous recevrez la force de comprendre avec tous les saints ce qu'est la largeur, la longueur, la hauteur, la profondeur. Vous connaîtrez l'amour du Christ qui surpasse toute connaissance et vous entrerez par votre plénitude dans toute la plénitude de Dieu.

PRIÈRE

R/ Cœur de Jésus, patient et débordant de miséricorde, regarde avec bonté ton peuple.

Tends une main secourable à tous tes enfants,

les fils prodigues et les fils aînés de notre temps. *R/*

À tes enfants qui n'écoutent pas ta voix et sont comme des brebis perdues sur des chemins d'errance. *R/*

À tes enfants blessés dès leur enfance par les fractures familiales, sociales, les guerres… afin qu'ils puissent reconnaître que tu les aimes et les attends pour en faire des fils de lumière auprès de toi. *R/*

Père, toi qui as merveilleusement créé l'homme et plus merveilleusement encore rétabli sa dignité, tourne vers nous ton visage de paix et nos louanges proclameront l'incroyable largesse de ton amour. Accorde aux âmes des défunts l'entrée dans le Royaume, accorde-leur cette part de gloire éternelle avec tes saints et tes élus. Par celui qui doit venir dans l'Esprit Saint pour juger les vivants et les morts, Jésus Christ notre Sauveur.

TEXTES BREFS

Bénis, le Seigneur, ô mon âme. N'oublie aucun de ses bienfaits, car il pardonne toutes tes offenses et te guérit de toute maladie. Il réclame ta vie à la tombe et te couronne d'amour et de tendresse. Le Seigneur est tendresse et pitié, lent à la colère et plein d'amour [44].

Les paroles de ce psaume signifient que notre cœur humain s'adresse à Dieu dans toute la majesté inimaginable de sa divinité et de sa sainteté et simultanément dans sa merveilleuse ouverture à l'endroit de l'humanité, sa condescendance. Le « cœur » parle au « cœur » [45].

Il n'y a qu'une chose à faire : rapprocher sa misère de la miséricorde infinie. Et je voudrais dire mieux : rapprocher la misère infinie du monde de sa miséricorde infinie. C'est cela la pauvreté en esprit. N'avoir rien dans les mains à donner, ne voir que les défaillances et les indigences de sa pauvre vie. Alors on peut lever les yeux vers la miséricorde infinie et parce qu'elle est infinie, elle n'aura besoin que de notre mendicité. Mais a-t-elle jamais une seule fois repoussé un mendiant d'amour [46] ?

Il a la tête inclinée pour vous donner un

---

[44] Ps 103.

[45] Jean-Paul II à Vancouver, 1984.

[46] Cardinal Journet, *Comme une flèche de feu,* éd. Le Centurion.

baiser, le cœur ouvert pour vous chérir, les bras tendus pour vous embrasser [47].

Vivre d'amour, c'est bannir toute crainte
Tout souvenir des fautes du passé.
De mes péchés je ne vois nulle empreinte,
En un instant l'amour a tout brûlé.
Flamme divine, ô très douce Fournaise !
En ton foyer je fixe mon séjour
C'est en tes feux que je chante à mon aise :
Je vis d'amour [48] !

---

[47] AUGUSTIN D'HIPPONE

[48] THÉRÈSE DE L'ENFANT JÉSUS, « Vivre d'amour », 1895.

MERCREDI

Cœur de Jésus,
qui nous obtient le pardon de nos péchés,
prends pitié de nous.

ÉVANGILE : S. JEAN 11,23-25

Jésus lui dit : « Ton frère ressuscitera ». Je sais, dit Marthe, qu'il ressuscitera à la résurrection, au dernier jour. Jésus lui dit :

Je suis la résurrection, qui croit en moi, même s'il meurt, vivra et quiconque vit et croit en moi ne mourra jamais. Le crois-tu ?

PRIÈRE

R/ Je crois que mon rédempteur est vivant
et qu'au dernier jour je surgirai de la terre.

Mon âme a soif du Dieu vivant, quand pourrai-je m'avancer, paraître face à Dieu ? *R/*

Oui, c'est dans ma propre chair que je verrai Dieu mon Sauveur. *R/*

C'est bien moi qui le verrai et ce sont mes yeux qui le contempleront. *R/*

Dieu, consolateur des affligés, souviens-toi des hommes qui ont quitté ce monde et dont tu connais la droiture. Reçois-les dans ton Royaume où nous espérons être comblés de ta gloire, tous ensemble et pour toujours, quand tu essuieras toute larme de nos yeux ; en te voyant, toi, notre Dieu, tel que tu es, nous te serons semblables éternellement et sans fin nous chanterons ta louange. Par le Christ, notre Seigneur, par qui tu donnes au monde toute grâce et tout bien.

TEXTES BREFS

La famille ne se détruit pas, elle se transporte. Une part d'elle va dans l'invisible et ceux qui restent se sentent entourés, gardés, inspirés par ceux qui sont partis [49].

Tu es en Dieu.

Je ne sais ce que cela peut vouloir dire, mais

[49] P. SERTILLANGES.

sûrement ce que tu voulais et ce que je veux pour toi. Je le crois. Toute ma foi, je la rassemble. Elle est maintenant mon seul lien avec toi, Jésus. Aide-moi à vivre sans sa voix, sans ses yeux. Que je ne le déçoive pas maintenant qu'il va me voir, vivre et m'attendre [50].

[50] André Sève.

JEUDI

Cœur de Jésus,
notre paix et notre réconciliation,
prends pitié de nous.

S. PAUL AUX ROMAINS 5,8-10

La preuve que Dieu nous aime, c'est que le Christ, alors que nous étions encore pécheurs, est mort pour nous. Combien plus, maintenant justifiés dans son sang, serons-nous par lui sauvés de la colère. Si, étant ennemis, nous fûmes réconciliés à Dieu par la mort de son Fils, combien plus, une fois réconciliés, serons-nous sauvés par sa vie.

PRIÈRE

Pour l'Église, notre Mère, qui porte en son cœur le désir du salut éternel pour tous les hommes, afin que sa prière aide à faire parvenir à la lumière et à la joie sans fin tous ses enfants qui ont quitté la terre.

R/ Cœur de Jésus, notre paix et notre réconciliation, prends pitié de nous.

Pour ceux qui sont décédés brutalement et sans préparation, afin que la miséricorde du Seigneur et l'offrande de nos Eucharisties leur accordent la surabondance des grâces de la Rédemption.

Dieu qui manifestes surtout ta toute-puissance en pardonnant et en faisant miséricorde, regarde avec amour les défunts auxquels nous pensons en ce jour. Ne permets pas qu'ils soient à jamais privés de ta gloire mais que le don gratuit de ton amour fasse leur bonheur pour l'éternité.

TEXTES BREFS

Réfugions-nous donc dans le cœur de Jésus! Il nous offre une parole qui est éternelle. Un amour qui ne manque jamais, une amitié qui ne fait jamais défaut, une présence qui ne cesse pas [51].

Quand nous prions pour quelqu'un qui nous a quittés, si Jésus nous donne la grâce de le trouver très fort près du Saint Sacrement et

---

[51] JEAN-PAUL II, Angélus du 17 septembre 1989.

comme la certitude intérieure qu'il est déjà près de Jésus, c'est une immense grâce. Jésus a confié tous les morts à son Église catholique, parce que c'est son Église où il y a un sacrifice qui nous fait revivre sacramentellement le sacrifice de Jésus et que Jésus est mort pour tous les hommes [52].

Toutes les bonnes œuvres réunies n'équivalent pas au saint sacrifice de la messe, parce qu'elles sont les œuvres des hommes et la messe est l'Œuvre de Dieu.

Le martyre n'est rien en comparaison, c'est le sacrifice que l'homme fait à Dieu de sa vie; la messe est le sacrifice que Dieu a fait à l'homme de son corps et de son sang [53].

---

[52] P. Thomas PHILIPPE.

[53] Le Curé d'Ars.

VENDREDI

Cœur de Jésus, obéissant jusqu'à la mort,
prends pitié de nous.

1re LETTRE DE S. JEAN 4,10-11

En ceci consiste l'amour : ce n'est pas nous qui avons aimé Dieu, mais c'est lui qui nous a aimés et qui a envoyé son Fils en victime de propitiation pour nos péchés. Bien-aimés, si Dieu nous a ainsi aimés, nous devons nous aussi nous aimer les uns les autres.

PRIÈRE

Mon âme s'appuie sur ta Parole.

Mon âme n'a mis d'espoir qu'en toi, Seigneur.

Il y a une telle soif en moi de ta tendresse et de ta suavité et de tout ce que l'on m'a raconté de ta miséricorde !

Mon âme s'appuie sur ta Parole.

Quand tu es là, ô mon Dieu, il y a un tas de choses en moi qui se mettent à genoux.

Mon âme n'a mis d'espoir qu'en toi, Seigneur.

Donne l'éternité, Seigneur, pour que j'aie de quoi te dire : oui.

Mon âme s'appuie sur ta Parole.

Mon âme n'a mis d'espoir qu'en toi, Seigneur [54].

Dieu, source de toute miséricorde et de toute bonté, notre conscience nous maintient dans l'humilité, que ta miséricorde vienne sans cesse nous relever. Tu t'es penché sur toutes les misères humaines, accueille aujourd'hui les plus pauvres dans la joie de la maison paternelle.

TEXTES BREFS

C'est lui, le Dieu de Miséricorde, qui fait naître en nous la confiance : je ne suis pas seul, je ne suis pas inutile, je ne suis pas isolé, je fais partie d'un dessein de salut qui un jour s'ouvrira sur le Paradis [55].

Quelques heures avant son exécution, le condamné à mort Jacques Fesch écrivait : « J'attends l'Amour. »

---

[54] Les versets de cette prière litanique sont inspirés de la traduction du Ps 85 par Paul Claudel.

[55] JEAN-PAUL Ier.

SAMEDI

Cœur de Jésus,
espoir de ceux qui meurent dans ton amour,
prends pitié de nous.

LETTRE DE S. PAUL AUX PHILIPPIENS 4,13-14

Nous ne voulons pas, frères, que vous soyez ignorants au sujet des morts. Il ne faut pas que vous vous désoliez comme les autres qui n'ont pas d'espérance. Puisque nous croyons que Jésus est mort et qu'il est ressuscité, de même ceux qui sont endormis en Jésus, Dieu les emmènera avec lui.

PRIÈRE

Seigneur, Père des miséricordes, nous redisons les merveilles de ton Amour. Par le cœur douloureux et immaculé de la Vierge Marie, notre Mère, je t'offre aujourd'hui toutes les souffrances du monde.

Cœur de Jésus, espoir de ceux qui meurent dans ton Amour, prends pitié de nous.

Soutiens de ta force tous nos frères persécutés, bafoués, pourchassés.

Cœur de Jésus, espoir de ceux qui meurent dans ton Amour, prends pitié de nous.

Essuie les larmes de tous ceux qui pleurent et sont dans les ténèbres angoissantes de la nuit.

Cœur de Jésus, espoir de ceux qui meurent dans ton Amour, prends pitié de nous.

Ouvre ton Ciel aux âmes du purgatoire, spécialement les plus délaissées de la prière des hommes.

Nous sommes unis dans la prière avec toi, Mère du Christ, avec toi qui as participé à ses souffrances. Tu nous conduis au cœur de ton Fils agonisant sur la croix, quand lors de son dépouillement il se révéla jusqu'au bout comme Amour. Ô toi qui as participé à ses souffrances, permets-nous de persévérer toujours au sein de ce mystère. Mère du Rédempteur, rapproche-nous du cœur de ton Fils [56].

---

[56] JEAN-PAUL II, Angélus du 31 août 1985.

TEXTES BREFS

Pour une âme en pleine communion avec Dieu, la mort est douce et pure aurore d'un beau jour [57].

La mort enlève la communication, mais elle parfait la communion [58].

La porte du Ciel : c'est le Cœur de Jésus. La clé de cette porte : c'est la prière et l'amour [59].

---

[57] Zélie MARTIN, mère de Thérèse de l'Enfant Jésus, citée par le Dr Cadéo.

[58] PAUL VI à Jean GUITTON.

[59] André BESSETTE.

MÉDITATION DE LA PASSION DU SEIGNEUR

Réflexion doctrinale

Tu rachetas, pour Dieu, au prix de ton sang des hommes de toute race, langue, peuple et nation (Ap 5,9).

Le disciple de Jésus, Jean, devenu patriarche d'Éphèse, à un âge exceptionnellement avancé, a longuement médité et contemplé dans son cœur cette étonnante vérité de la bonne nouvelle.

Dieu est Père, un Père qui vient lui-même, à force d'amour, délivrer de leurs liens ses enfants perdus.

Dans l'Ancien Testament, c'est la notion de rachat, synonyme de libération, qui fait la trame de la longue épopée du peuple choisi. Lorsque Yahvé délivre Israël de la servitude égyptienne et le ramène dans la terre promise, il n'arrache son peuple à l'esclavage que pour se l'attacher avec tendresse.

Je suis Yahvé,

Je vous affranchirai de la servitude et je vous rachèterai en frappant fort…

Je vous adopterai pour mon peuple et je serai votre Dieu (Ex 6,6-7) [60].

Sept cents ans plus tard, pendant un autre exil à Babylone cette fois, un déporté a composé un psaume que des générations d'hommes ne cessent de lire. Le père Arminjon place le Ps 129 à cette époque. D'autres exégètes, au retour de la captivité. La datation ne change rien aux sentiments exprimés qui sont très forts et révèlent une foi ardente.

Oui, près du Seigneur est l'amour,
près de lui abonde le rachat (Ps 129,7).

On ne retient souvent de ce psaume que les premiers mots *De profundis* avec une coloration de tristesse, de pénitence. Si cette nuance existe comme un abîme qui appelle un autre Abîme (Ps 42,8), la prière est un cri très confiant à l'amour miséricordieux, amour de pure gratuité. *Qui aime à proportion qu'on est plus pauvre, plus petit, plus démuni, plus pécheur et sans mérite aucun* [61].

---

[60] Vers 1250 avant J.-C.

[61] Blaise Arminjon, *Sur la Lyre à dix cordes.*

Auprès de toi, vers toi, quelle prière d'espérance!

Un prêtre exilé lui aussi au pays des Chaldéens, sur le fleuve Chobar, ne cesse de regarder vers le pays de ses ancêtres, vers le temple de Jérusalem. Le prophète Ézéchiel souligne pour lui l'absolue gratuité de la bienveillance divine, du « retour » espéré du peuple vers Dieu. Le rachat, la rédemption est accordée à des pécheurs. La prévenance, l'amour de Dieu précède toujours le repentir de l'homme (Ez 36,24-28).

Un autre psaume enfin, de l'époque sapientielle plus tardive, exprime l'interrogation de l'homme face à son destin. L'énigme est grave, parfois scandaleuse dans les injustices apparentes de la vie, une certitude demeure cependant pour l'homme droit et humble.

Tandis que Dieu rachètera mon âme,
à l'étreinte de l'enfer, oui, il m'arrachera (Ps 48,16) [62].

Comment ne pas penser à la rédemption « coûteuse », au sacrifice personnel du serviteur

[62] Traduction du cardinal GARRONE.

de Yahvé qu'annonce Isaïe (Is 53,12) et qu'explicitera pour nous S. Matthieu :

> *C'est ainsi que le Fils de l'homme (Jésus)*
> *n'est pas venu pour être servi*
> *mais pour servir et donner sa vie en rançon*
> *pour une multitude* (Mt 20,28).

Son sacrifice sera l'instrument, le prix de notre délivrance.

Dans le Nouveau Testament, Dieu montre qu'il ne veut pas le découragement, le désespoir. Il ne rend caduc les sacrifices d'animaux, lointaine préfiguration de la véritable oblation que serait le Christ, que pour nous montrer son inlassable amour pour sa créature. Dieu en la personne du Fils, du bien-aimé, vient au cœur de notre misère en se faisant semblable à nous.

« Tu n'as plus voulu du sang des boucs et des offrandes matérielles, mais tu m'as donné un corps et c'est pourquoi en entrant dans le monde j'ai dit : voici que je viens, ô Dieu, pour faire ta volonté » (He 10).

Semblable à nous dans une solidarité sans pareille, mais qui n'a pas connu le péché, dévoré par la passion pour Dieu et pour l'homme, Jésus vient.

Il n'y aura plus de sacrifices d'animaux, il y aura un autre sacrifice : ***Jésus,*** au moment où la Pâque juive va instaurer la Pâque chrétienne où lui-même sera le grand prêtre s'offrant en sacrifice sur l'arbre de la croix. Le cardinal Journet nous explique la signification profonde de cet échange, source de vie, pour tous les hommes jusqu'à la fin du monde.

Par Jésus, de la terre va monter une immense supplication, ramassant la supplication de tous les hommes des temps passés et des temps futurs pour l'incorporer à la sienne. Et, à cette supplication du Fils unique, va descendre la réponse du Père : c'est le côté du Christ ouvert, transpercé par la lance du soldat d'où coulent le sang et l'eau, *immensité des grâces sur Jésus,* et de là sur l'humanité entière. Victime de propitiation pour nos péchés, agneau de Dieu, le Christ rend à Dieu l'honneur de son amour que l'homme a rejeté, méprisé, piétiné. À Pâques, nous chantons : *« Le Christ notre Pâque a été immolé. »*

Il convient de s'interroger sur cette mort ignominieuse du Fils de Dieu : mort qui suscite immédiatement une grâce infinie de réparation.

Jésus a versé son sang librement pour nous (à moins d'une grâce du martyre, nous ne pouvons prendre l'initiative de verser le nôtre sans ajouter un péché à nos fautes).

Les théologiens précisent que la mort du Christ, sous la seule raison commune de mort, ne fut pas agréable à Dieu et capable de nous réconcilier avec lui. Dieu ne trouve pas sa joie dans la mort des créatures. C'est sous l'angle de l'obéissance et de la charité infinie du Christ que cette mort fut méritoire et satisfactoire et si agréable à Dieu qu'elle suffit à la réconciliation de tous les hommes. Sacrifice visible, signe de l'invisible Rédemption.

« Il se fit obéissant jusqu'à la mort » (S. Paul aux Philippiens 2,8).

La preuve que Dieu nous aime, c'est que le Christ, alors que nous étions encore pécheurs, est mort pour nous (S. Paul aux Romains 5,8). Et le Père manifeste son acceptation en ressuscitant Jésus. C'est la Pâque parce que la chair du Christ est ressuscitée. Elle devient *cause du salut pour nous,* écrit encore S. Paul. Nous entrerons avec le Christ dans notre chair, dans la gloire de Dieu et nous serons avec le Seigneur toujours (1 Th 4,17).

La différence entre les sacrifices de l'Ancienne Alliance qui « apaisaient le cœur de Dieu », certes, et lui étaient agréables, vient de ce que, « extérieurs à la nature humaine, il en fallait le renouvellement continuel ». Ces rites préfiguratifs du calvaire étaient précisés par la loi. Avec le Christ et dans la Nouvelle Alliance qu'il inaugure, le rite du sacrifice de la croix est commémoratif d'un salut opéré et porteur de l'efficacité de ce salut. Le chrétien, à chaque communion, est appelé à ce redressement intérieur qu'on appelle « sacrifice ».

Le sang du Christ vient purifier le monde.

Dans la préface de la prière eucharistique II le prêtre chante :

« Père Saint… pour accomplir jusqu'au bout ta volonté… [Jésus] étendit les mains à l'heure de sa Passion… »

C'est la réalité adorable du Mystère de la croix. Et, au pied de la croix, l'apôtre S. Jean est là avec Marie. Tout son être profond est rempli de douleur, mais il regarde et il est le seul à remarquer le sang et l'eau qui s'écoulent de la plaie du côté de Jésus. Avec foi il reçoit cette « vie » et comprend pourquoi la chair du Sauveur devait devenir l'instrument tout puissant de notre salut : le sang qui s'écoule avec l'eau, c'est la naissance de l'Église et des sacrements

« porte ouverte sur les abîmes de l'amour divin dont son Cœur est le foyer » écrit le père Paul Marie de la Croix [63].

Ce qu'Isaïe avait annoncé :

« Il a été transpercé à cause de nos crimes, écrasé à cause de nos fautes. Le châtiment qui nous rend la paix est sur lui et dans ses blessures nous trouvons la guérison » (Is 53,5).

« Il s'est livré lui-même à la mort et il a été compté parmi les criminels alors qu'il portait les fautes des multitudes et qu'il intercédait pour les pécheurs » (Is 53,12).

Jean nous en fait comprendre la fécondité rédemptrice :

« À ceci nous avons connu l'Amour : celui-là a donné sa vie pour nous » (1 Jn 3,16).

« Le sang de Jésus, son Fils, nous purifie de tout péché » (1 Jn 1,7).

« Jésus Christ, le Juste, c'est lui qui est victime

---

[63] Paul Marie de la Croix, *L'Évangile de Jean et son témoignage spirituel,* Desclée de Brouwer, 1958.

de propitiation [64] pour nos péchés, non seulement pour les nôtres mais aussi pour ceux du monde entier » (1 Jn 2,2).

De ses deux bras étendus sur la croix, le Christ accueille et étreint l'humanité. Il visite toutes nos souffrances, toutes nos misères… Les ayant portées, assumées, il nous revivifie par sa grâce dans les sacrements et nous fera participer à sa gloire dans le Ciel car, si la mort est le dernier *mal* et reste la peine due au péché, grâce au Christ, c'est un passage qui ouvre sur le Ciel, un chemin sur lequel il est possible de retrouver l'amitié avec Dieu.

Deux *sacrements* sont pour chacun de nous ici-bas le chemin de la sainteté chrétienne pour combler l'abîme entre notre imperfection et l'amour très pur de Dieu :

– l'Eucharistie ;
– le Sacrement de la Réconciliation.

---

[64] Victime de *propitiation,* valeur *propitiatoire :* ce sont deux termes qui appartiennent au vocabulaire de l'Église. En hébreu ce mot est synonyme d'expiation procurant la remise des fautes. Dans l'épître de Jean, l'apôtre affirme que l'offrande que le Christ fit de sa vie à son Père a le caractère d'une expiation pour les péchés du monde.

L'Eucharistie

La prière de l'Église pour les défunts est reconnue et attestée depuis les premiers temps du christianisme.

La valeur propitiatoire [65] de la messe y occupe la première place, comme en témoignent les écrits des Pères.

« Nous offrirons le Christ immolé pour nos péchés voulant rendre propice la clémence divine pour les vivants et les défunts [66]. »

Songeons au soulagement que nous pouvons obtenir pour les morts. Ce n'est pas en vain que les apôtres ont établi eux-mêmes qu'il serait fait mémoire des défunts au sacrifice. Lorsque tout le peuple est rassemblé et qu'il prie, les mains levées vers le ciel et que la victime trois fois sainte se trouve sur l'autel, comment notre voix ne s'élèverait-elle pas avec confiance vers Dieu en faveur des défunts [67] ?

---

[65] Dom OURY (dans le *Dictionnaire de la foi catholique*) explique que « le vrai et l'authentique sacrifice est celui qui réalise à la perfection ce que les autres sacrifices tendent à réaliser : l'union à Dieu par la destruction du péché qui est l'obstacle majeur au retour de l'homme vers Dieu ». C'est cela la valeur propitiatoire de la messe.

[66] Catéchèse de CYRILLE DE JÉRUSALEM.

[67] JEAN CHRYSOSTOME, *Homélie* 21, 4.

La raison de cette priorité est dans l'essence même du sacrement du Corps et du Sang du Christ, son existence, sa finalité. Notre sanctification est là tout entière et S. Augustin met sur les lèvres de Jésus cette affirmation : « Ce n'est pas toi qui me transformes en toi, mais ce sera moi qui te transformerai en moi [68]. » C'est toute la doctrine de S. Paul et notre vie chrétienne est accrochée à cette réalité, en même temps que notre éternité. Les deux aspects sacrificiel et sacramentel de l'Eucharistie sont à contempler avec une immense action de grâce. C'est la porte unique : le Christ que nous propose le Seigneur Dieu tout-puissant.

En effet, c'est à la ***Passion*** que nous communions. Il n'y a qu'une croix, celle de Jésus, à laquelle tous sont appelés à participer. Jésus a pris sur lui tous les péchés, toutes les souffrances du passé, du présent et de l'avenir « concentrées » en lui comme en un miroir convergent, dans l'instant même de son sacrifice rédempteur, où pour son Amour et sa liberté tout entière unie à son obéissance au Père, il achevait l'Œuvre qui lui avait été confiée. Ainsi, nous ne sommes plus seuls à souffrir nos souffrances. Jésus les a offertes

[68] AUGUSTIN D'HIPPONE, *Confessions,* 8, 10.

avant nous et il a mis en elles, avec la grâce et la charité, une vertu salvatrice nous permettant d'être coauteurs de notre salut, suscitant aussi, à certains de nos frères, ce seul mouvement final de consentement à la grâce de l'amour suppliant de Celui qui les aime et les attend de toute éternité.

Lorsque nous participons à la messe, lorsque nous offrons une messe pour un défunt, pour les âmes du purgatoire, nous demandons explicitement à Dieu de déverser sur le monde les grâces de la Rédemption et, sur nos frères défunts – dont « toi seul connais la foi » dit la prière eucharistique IV – la vertu purificatrice venant des mérites du Christ qui puisse apaiser son cœur.

Le deuxième aspect de l'Eucharistie est ***sacramentel :*** la Communion nous donne Jésus corporellement et spirituellement. Elle est le pain de vie qui donne la force de parvenir à la vie éternelle. De cet aliment, nous recevons les arrhes de la victoire sur la mort. Une prière sur les offrandes, dite en Carême (le mardi de la 4e semaine) ne présente-t-elle pas la communion au corps de Jésus comme la subsistance de notre vie sur la terre et le remède de qui nous fera vivre éternellement ?

Peut-être est-il opportun de se souvenir du mot « viatique » peu utilisé par nos contemporains. Sous ce terme on désigne la sainte communion reçue par une personne mourante qui s'en va vers l'éternité. L'étymologie de « viaticum » en latin est en effet ce qui est nécessaire pour le voyage, les provisions. Sous les apparences de l'Hostie Sainte (ou d'une parcelle d'Hostie), de quelques gouttes du Précieux Sang, Jésus se donne tout entier à l'âme qui quitte cette terre. Que cet « oubli » du viatique ne reste pas un manque de foi pour le peuple de Dieu en marche !

Notre communion peut-elle profiter aux âmes du purgatoire ? À cette question nous pouvons répondre affirmativement. À la messe, le célébrant prie pour l'Église tout entière, les vivants et les défunts. Et, en vertu de la Communion des Saints, le fidèle reçoit, pour lui-même, le Christ dans le sacrement et offre, pour le repos d'une âme défunte, le sacrifice [69].

Le sacrement de la Réconciliation

Dieu prend toujours l'initiative de nous remettre nos propres dettes. Le péché commis envers nos frères est avant tout une offense

---

[69] THOMAS D'AQUIN, *Somme théologique,* IIIa Pars.

envers notre créateur, un refus de son amour. Mais Dieu tend la main à ceux qui tombent, il patiente lorsque nous détournons la tête, il accueille ceux qui se repentent et accorde le pardon que nous n'avons pas mérité.

Ste Thérèse de l'Enfant Jésus écrivait à l'abbé Bellière le 21 juin 1897 (LT 247) : « Comment, lorsqu'on jette ses fautes avec une confiance toute filiale dans le brasier de l'Amour, comment ne seraient-elles pas consumées sans retour ? »

Quand le prêtre nous donne l'absolution sacramentelle, il ne faut penser qu'à une chose, une seule chose importe : c'est le Sang du Christ qui coule sur notre âme pour la laver, la purifier et la rendre aussi belle qu'elle était après le baptême. Tout est dit dans cette admirable catéchèse du Curé d'Ars [70].

« Le Sang du Christ nous purifiera de tout péché » (1 Jn 1,7).

« Vous avez été rachetés non contre de l'or et de l'argent périssable, mais par le sang précieux du Christ, l'Agneau sans défaut » (1 P 1,18-19).

---

[70] *Le Catéchisme avec le Curé d'Ars,* recueil de textes par Hugues d'ORFEUILLE, éd. Téqui.

Une réflexion plus ample sur le sacrement de la réconciliation n'est pas l'objet direct de ce livret de prières. Nous pouvons cependant nous interroger : le sacrement de réconciliation que nous recevons personnellement peut-il profiter aux âmes du purgatoire ?

La question reste ouverte. Nous évoquons ici la démarche de cette épouse et mère de plusieurs enfants, au lendemain du décès du père très aimé. La veille de la célébration des obsèques, les membres de cette famille très unie sont allés recevoir le sacrement du pardon afin de vivre en vérité le mystère pascal. Cette maman au milieu des larmes de la terre a exprimé tout simplement et en vérité toute sa foi : la réconciliation avec Dieu, le Père qui fait œuvre de miséricorde et qui pardonne, et la réalité de la Communion des Saints qui unit dans le Christ tous ses enfants, ceux qui ont part encore à cette vie et ceux qui se sont endormis dans la mort.

LITANIES DU PRÉCIEUX SANG

Seigneur, ayez pitié de nous.
Christ, ayez pitié de nous.
Seigneur, ayez pitié de nous.
Jésus, écoutez-nous.
Jésus, exaucez-nous.
Père céleste qui êtes Dieu,
ayez pitié de nous.
Fils, Rédempteur du monde qui êtes Dieu,
ayez pitié de nous.
Esprit Saint, qui êtes Dieu,
ayez pitié de nous.
Trinité Sainte, qui êtes un seul Dieu,
ayez pitié de nous.
Sang du Christ, Fils unique du Père éternel,
sauvez-nous.
Sang du Christ, Verbe de Dieu incarné,
sauvez-nous.
Sang du Christ, de la Nouvelle et éternelle alliance,
Sang du Christ, ruisselant jusqu'à terre pendant l'agonie,

Sang du Christ, jailli sous la flagellation,

Sang du Christ, répandu au couronnement d'épines,

Sang du Christ, versé sur la croix,

Sang du Christ, prix de notre salut,

Sang du Christ, sans lequel il n'y a pas de pardon,

Sang du Christ, qui désaltérez et purifiez les âmes dans l'Eucharistie,

Sang du Christ, fleuve de miséricorde,

Sang du Christ, vainqueur des démons,

Sang du Christ, force des martyrs,

Sang du Christ, vigueur des confesseurs,

Sang du Christ, qui suscitez les vierges,

Sang du Christ, fermeté de ceux qui sont dans l'épreuve,

Sang du Christ, soulagement de ceux qui peinent,

Sang du Christ, consolation dans les larmes,

Sang du Christ, espérance des pénitents,

Sang du Christ, réconfort des mourants,

Sang du Christ, paix et douceur des cœurs,

Sang du Christ, gage de la vie éternelle,

Sang du Christ, délivrance des âmes du purgatoire,

Sang du Christ, très digne de toute gloire et de tout honneur,

Agneau de Dieu, qui effacez les péchés du monde,

pardonnez-nous Seigneur.

Agneau de Dieu, qui effacez les péchés du monde,

exaucez-nous Seigneur.

Agneau de Dieu, qui effacez les péchés du monde,

ayez pitié de nous Seigneur.

Seigneur, vous nous avez rachetés par votre sang.

Et vous avez fait de nous un royaume pour notre Dieu.

Prions :

Dieu éternel et tout-puissant, vous avez donné au monde pour Rédempteur votre Fils unique et vous avez voulu vous laisser fléchir par son sang, prix de notre salut. Accordez-nous de l'honorer si bien et de trouver en lui, contre les maux de cette vie terrestre, une si puissante défense, que nous goûtions dans les cieux la joie qui en est le fruit éternel. Par le Christ notre Seigneur. Amen.

DIMANCHE

ÉVANGILE : S. LUC 22,41-44

Fléchissant les genoux, [Jésus] priait en disant : « Père, si tu veux, éloigne de moi cette coupe. Cependant, que ce ne soit pas ma volonté, mais la tienne qui se fasse. » Alors lui apparut, venant du Ciel, un ange qui le réconfortait. Entré en agonie, il priait de façon plus instante et sa sueur devint comme de grosses gouttes de sang qui tombaient à terre.

PRIÈRE D'INTERCESSION

R/ *Tu nous as rachetés, Seigneur Dieu,*
au prix de ton sang,
hommes de toute race, langue,
peuple et nation,
tu as fait de nous un Royaume
pour notre Dieu (Ap 5,9-10).

Seigneur, tout mon désir est devant toi et

rien de ma plainte ne t'échappe, c'est en toi que j'espère, Seigneur, Seigneur, mon Dieu, toi tu répondras (Ps 37). *R/*

C'est Toi qui m'as tissé dans le sein de ma mère, sonde-moi, mon Dieu, tu sauras ma pensée. Éprouve-moi, tu connaîtras mon cœur. Conduis-moi sur le chemin d'éternité (Ps 138). *R/*

PRIÈRE

Dieu, qui es à l'origine de notre libération et de notre salut, écoute le cri de notre prière : par le sang précieux que ton fils Jésus a répandu dans le jardin des oliviers, je te prie de délivrer les âmes du purgatoire qui n'ont pas encore fini de se purifier. Puissions-nous, grâce à toi, vivre pour toujours dans ce parfait bonheur dont nous trouvons, en toi, l'assurance.

TEXTES BREFS

Le jour de sa profession, le 8 septembre 1890, sœur Thérèse de l'Enfant Jésus terminait ainsi sa prière :

« Que ta volonté soit faite en moi parfaitement… Jésus, faites que je sauve beaucoup d'âmes, qu'aujourd'hui il n'y en ait pas une seule de damnée et que toutes les âmes du purgatoire soient sauvées… Jésus, pardonne-moi si je dis des choses qu'il ne faut pas dire, je ne veux que te réjouir et te consoler. »

Donne-nous de savoir, Jésus, que nos croix sont aussi la tienne, inséparable de ta Résurrection. Fais de mon désespoir une espérance, de ma nuit une confiance, de ma faiblesse un combat de vie. Toi qui, pour avoir pleuré des larmes de sang, peux essuyer toute larme de nos yeux [71].

---

[71] Olivier CLÉMENT, *Le Chemin de croix à Rome.*

LUNDI

ÉVANGILE : S. JEAN 7,37-38

Le dernier jour de la fête, le grand jour, Jésus, debout, s'écrie :

« Si quelqu'un a soif, qu'il vienne à moi et qu'il boive, celui qui croit en moi… »

Selon les mots de l'Écriture : de son sein couleront des fleuves d'eau vive.

Comme un cerf altéré cherche l'eau vive,
ainsi mon âme te cherche, toi mon Dieu,
toi qui connais les secrets des cœurs.

Purifie-moi de mon péché,
mon âme a soif de Dieu,
du Dieu vivant.
Quand pourrai-je m'avancer,
paraître face à Dieu?
Accorde-moi un temps de repentir
et de supplication,

purifie-moi de mon péché
au long du jour.
Le Seigneur m'envoie son amour
et la nuit son chant est avec moi,
prière au Dieu de ma vie (Ps 41).

Détourne ta face de mes fautes,
enlève tous mes péchés.

PRIÈRE

Ô Seigneur, Dieu tout-puissant, par le sang précieux que ton fils Jésus a répandu dans sa cruelle flagellation, je te prie de délivrer les âmes du purgatoire, et particulièrement celle qui au cours de sa vie terrestre a vécu l'angoisse de la solitude, du rejet, de l'échec… Conduis-la à la maison paternelle où, avec les saints, elle s'abreuvera, goûtera aux sources de la vie éternelle.

TEXTES BREFS

Inappréciable, très douce et très ardente charité ! Le Verbe voit qu'il a été choisi par le Père, qu'il a reçu l'humanité pour épouse.

Il lui (Jésus) a été commandé de nous donner son propre sang pour que la volonté divine s'accomplisse en nous et que nous soyons sanctifiés par son sang. Aussi, je vous en prie… ne redoutez jamais rien, mettez votre confiance dans le sang du Christ crucifié [72].

La sainteté est d'abord un vide que l'on se découvre et que l'on accepte et que Dieu vient remplir dans la mesure où l'on s'ouvre à sa plénitude [73].

Les saints sont ceux qui s'occupent de flécher le chemin pour nous afin de nous éviter les égarements. Les saints sont aussi ceux qui nous aident à porter un regard de foi sur les réalités invisibles, la grande famille de l'Église, au Ciel et au Purgatoire [74].

---

[72] Catherine de Sienne, *Lettre* 129.

[73] P. Eloi Leclerc, *Sagesse d'un pauvre.*

[74] Cardinal Danneels, homélie de la messe du 16 novembre 1997 à Montligeon.

MARDI

ÉCRITURE SAINTE : HE 4,15-16

Nous n'avons pas un grand prêtre impuissant à compatir à nos faiblesses, lui qui a été éprouvé en tout, d'une manière semblable, à l'exception du péché. Avançons-nous donc avec assurance vers le trône de la grâce afin d'obtenir miséricorde et de trouver grâce pour une aide opportune.

PRIÈRE D'INTERCESSION

Je serais en proie aux tourments si j'ignorais ta miséricorde, Seigneur. N'as-tu pas dit : Je ne veux pas la mort du pécheur, mais qu'il se convertisse et qu'il vive.

Ouvre, Seigneur, nos cœurs fermés par notre péché, afin que soit magnifiée ta grâce.

Toi qui as conduit à la pénitence la cananéenne

et le publicain, souviens-toi et prends pitié de nous.

Ouvre, Seigneur, nos cœurs fermés par notre péché, afin que soit magnifiée ta grâce.

Toi qui as accueilli le repentir et les larmes de Pierre, souviens-toi et prends pitié de nous.

Ouvre, Seigneur, nos cœurs fermés par notre péché, afin que soit magnifiée ta grâce.

Toi qui as ouvert les yeux des aveugles, guéri les lépreux, souviens-toi et prends pitié de nous.

Ouvre, Seigneur, nos cœurs fermés par notre péché, afin que soit magnifiée ta grâce

PRIÈRE

Ô Seigneur, Dieu tout-puissant, par le sang précieux que ton fils, Jésus, a répandu dans son cruel couronnement d'épines, je te prie de délivrer les âmes du purgatoire, en particulier celle qui devrait être la dernière à quitter ce lieu de purification afin qu'elle ne tarde pas autant à te louer et à te bénir pour toujours, toi le Roi.

TEXTES BREFS

Ô Jésus, dont la face adorable est la joie des pauvres, la consolation des malades, la force des agonisants, aie pitié de nous [75].

Le Ciel, en tant qu'amour comblé, ne peut jamais être qu'offert à l'homme. L'enfer, par contre, est la solitude de celui qui refuse d'accepter cela, qui refuse l'état de mendiant et qui se replie sur lui-même [76].

Bénis l'esprit des souffrants, la lourde solitude des hommes, l'être qui ne connaît nul repos. La souffrance qu'on ne confie jamais à personne. Bénis la misère des hommes qui meurent en cette heure. Donne-leur, mon Dieu, une bonne fin. Bénis les cœurs amers [77].

---

[75] Dom Camille LEDUC, fondateur des sœurs servantes des pauvres.

[76] Cardinal RATZINGER.

[77] Edith STEIN.

Pour moi qui suis malade,
tu es médecin.
Pour moi, blessé,
tu es baume plein de douceur.
Pour moi, rejeté,
tu es secours de vie.
Pour moi, découragé,
tu es douce espérance [78].

L'espérance est la vertu théologale par laquelle nous désirons comme notre bonheur le Royaume des cieux et la vie éternelle, en mettant notre confiance dans les promesses du Christ et en prenant appui, non sur nos forces, mais sur le secours de la grâce du Saint-Esprit [79].

---

[78] Grégoire de Narek.
[79] *CEC*, n° 1817.

MERCREDI

ÉVANGILE : S. LUC 24,25-27

Alors Jésus leur dit (aux disciples d'Emmaüs) : « Ô cœurs sans intelligence, lents à croire tout ce qu'ont annoncé les prophètes ! Ne fallait-il pas que le Christ endurât ces souffrances pour entrer dans sa gloire ? Et, commençant par Moïse et parcourant tous les prophètes, il leur interpréta dans toutes les Écritures ce qui le concernait. »

PRIÈRE

Nous adorons ta croix, Seigneur, nous faisons mémoire de ta glorieuse Passion.
Aie pitié de nous,
toi qui, pour nous, as souffert !

Nous t'adorons, Ô Christ, et nous te bénissons car tu as racheté le monde par ta Croix.
Aie pitié de nous,
toi qui, pour nous, as souffert !

Ô Seigneur, Dieu tout-puissant, par le sang précieux que ton fils, Jésus, a répandu dans les rues de Jérusalem portant la Croix sur ses épaules, je te prie de délivrer les âmes du purgatoire et, en particulier, tous les hommes qui ont vécu la misère, l'exil, fuyant l'extrême pauvreté, la détresse morale, les catastrophes naturelles, les guerres fratricides… afin que ces épreuves ayant purifié leurs péchés, ils puissent se reposer en toi et contempler ton visage trois fois saint.

TEXTES BREFS

Que la miséricorde de Dieu me permette d'avancer encore, d'oser poser un pied devant l'autre. Non dans le vide, mais dans le pardon. Que l'Esprit qui te soutient, Jésus, quand volontairement tu vas au calvaire, me donne, si lourd et si léger, le joug de la liberté qui me fait responsable de l'autre [80].

Dans l'Église du Ciel, l'immense multitude est là de ceux qui voient Dieu et ils n'ont pas oublié la terre. Ils prient sans cesse pour leurs frères cheminant ici-bas, ils envoient à tels d'entre ceux-ci leurs inspirations, ils assistent et illuminent les saints qui souffrent en ce monde.

---

[80] Olivier Clément, *Le Chemin de croix à Rome.*

Ils ont leurs moyens à eux d'intervention dans les affaires de cette Église qu'en quittant la terre, ils n'ont certes pas quittée puisque, au Ciel et sur la terre, il n'y a qu'une seule Église sous deux états différents [81].

[81] Jacques Maritain, *L'Église du Christ.*

JEUDI

ÉVANGILE : S. JEAN 6,54.56-57

Qui mange ma chair et boit mon sang a la vie éternelle et je le ressusciterai au dernier jour.

Qui mange ma chair et boit mon sang demeure en moi et moi en lui. De même que le Père, qui est vivant, m'a envoyé et que je vis par le Père, de même celui qui me mange, lui aussi vivra par moi.

PRIÈRE D'INTERCESSION

Je le sais, tu ne mènes à la mort, Seigneur, là où s'établit la demeure de tous les vivants.

R/ C'est ta face Seigneur que je cherche, ne me cache pas ta face.

J'ai mon espérance en toi, Seigneur, car ce n'est pas pour me perdre que tu étends la main. *R/*

J'en suis sûr, je verrai les bontés du Seigneur sur la terre des vivants. *R/*

PRIÈRE

Ô Seigneur, Dieu tout-puissant, par le corps et le sang de ton Fils Jésus qui, à la veille de sa Passion, se donna lui-même en nourriture et en breuvage à ses disciples bien-aimés, je te prie de délivrer les âmes du purgatoire, et en particulier toutes celles que nos divisions et nos paroles mortes ont éloignées de toi.

TEXTES BREFS

L'Eucharistie, c'est le mystère d'un Dieu qui se met vis-à-vis de nous dans un état de proximité immédiate, c'est le mystère de son Christ, le sacrement de sa mort, le sacrifice de son Église, la force de la vie, le pardon de tout ce que le quotidien comporte de péchés, la promesse de la vie éternelle, la vigile solennelle de l'éternité, la nouvelle et éternelle Alliance entre Dieu et sa création, l'événement qui réalise la douce rencontre du cœur avec le Dieu des cœurs, l'acceptation de la mort et de la vie [82].

---

[82] Karl RAHNER sur l'eucharistie.

L'exposition du Saint Sacrement et les heures d'adoration, c'est la porte du Ciel ouverte sur la terre et nous regardons à travers cette porte avec les yeux de la foi [83].

La mort est la dernière communion du chrétien et la raison unique de toutes les autres. On ne s'unit au Christ passagèrement que pour lui être uni éternellement. On meurt en communiant par le viatique, mais surtout, on communie en mourant quand on meurt dans le Seigneur [84].

---

[83] Jacques MARITAIN, *Carnet de notes.*
[84] P. SERTILLANGES, *De la Mort.*

VENDREDI

ÉVANGILE : S. JEAN 19,33-34

Venant à Jésus, quand les soldats virent qu'il était déjà mort, ils ne lui brisèrent pas les jambes, mais l'un des soldats, de sa lance, lui perça le côté et il sortit aussitôt du sang et de l'eau.

PRIÈRE D'INTERCESSION

Par ta Croix, sauve-nous,
Ô Christ rédempteur.
Par ta mort, tu as détruit notre mort,
Par ta résurrection, tu as renouvelé la vie.
Par ta Croix, sauve-nous,
Ô Christ rédempteur.
Aie pitié de nous, Jésus très aimant,
toi qui as montré tant de bonté en souffrant
pour nous ta Passion.
Par ta Croix, sauve nous,
Ô Christ rédempteur.

PRIÈRE

Ô Seigneur, Dieu tout-puissant, par le sang précieux que ton fils, Jésus, a répandu sur l'arbre de la Croix, de ses mains et de ses pieds transpercés, je te prie de délivrer les âmes du purgatoire et, en particulier, celle pour laquelle je suis obligé de prier, afin qu'elle ne reste pas plus longtemps, par ma faute, à la porte du Ciel, mais qu'elle y soit introduite pour te louer et te bénir à jamais.

TEXTES BREFS

Seigneur, quand tu reviendras dans ta gloire, ne te souviens pas seulement des hommes de bonne volonté. Souviens-toi également des hommes de mauvaise volonté. Ne te souviens pas alors de leur cruauté, de leurs sévices, de leurs multiples violences, mais des fruits que nous avons portés à cause de ce qu'ils nous ont fait.

Souviens-toi de la patience des uns, du courage des autres, du compagnonnage de misère, de l'humilité dans l'humiliation, de la grandeur d'âme, de la fidélité qu'ils ont réveillés en nous et fais, Seigneur, que ces fruits que nous avons portés soient un jour leur rédemption. Amen [85].

---

[85] Prière écrite sur un papier d'emballage trouvé par un soldat américain dans un camp de la mort.

La rédemption se réalise par le Sacrifice du Christ, grâce auquel l'homme rachète la dette du péché et est réconcilié avec Dieu [86].

Pour un croyant, la mort n'a pas un visage qui puisse être représenté. Ce n'est que l'envers de l'Amour du Père qui retrouve son enfant prodigue enfin sauvé [87].

La Croix du Seigneur nous rappelle que toute vie est habitée par la lumière pascale, qu'aucune situation n'est totalement perdue, car le Christ a vaincu la mort et nous ouvre le chemin de la vraie Vie [88].

---

[86] JEAN-PAUL II, *Tertio millennio adveniente,* n° 7.
[87] P. LELONG.
[88] JEAN-PAUL II, Lettre à Mgr Séguy, 22 août 1998.

SAMEDI

ÉVANGILE : S. JEAN 19,25-27

Or, près de la croix de Jésus, se tenaient sa mère et la sœur de sa mère… Jésus donc, voyant sa mère et, se tenant près d'elle, le disciple qu'il aimait, dit à sa mère : voici ton Fils. Puis, il dit au disciple : voici ta mère. Dès cette heure-là, le disciple l'accueillit chez lui.

PRIÈRE D'INTERCESSION

Prions Dieu le Père tout-puissant qui a ressuscité Jésus d'entre les morts et qui donnera la vie à nos corps mortels.

R/ Seigneur, fais-nous vivre dans le Christ

Père très saint, par le baptême nous avons été ensevelis avec ton Fils, et nous sommes ressuscités avec lui :

fais-nous marcher dans une vie nouvelle pour

qu'au-delà de la mort nous vivions toujours avec le Christ. *R/*

Tu as envoyé un ange pour réconforter ton Fils dans son agonie,
à l'heure de notre mort, soutiens notre espérance. *R/*

Dieu des vivants et des morts, toi qui as ressuscité Jésus,
ressuscite nos morts et place-nous avec eux près de lui. *R/*

PRIÈRE

Ô Seigneur, Dieu tout-puissant, par le sang précieux qui jaillit du côté de ton divin Fils, en présence de sa sainte Mère, je te prie de délivrer les âmes du purgatoire, en particulier celles qui ont aimé Marie, afin qu'elles aillent te louer par elle et la remercier par toi pour l'éternité.

TEXTES BREFS

Si le plus grand pécheur de la terre, se repentant de ses offenses, au moment de la mort, expire dans un acte d'amour, aussitôt, sans calculer, d'une part les nombreuses grâces dont ce malheureux a abusé, de l'autre, tous ses crimes, Dieu ne compte plus que sa dernière prière et le reçoit sans tarder dans les bras de sa miséricorde [89].

Il n'y a qu'un moyen pour forcer le Bon Dieu à ne pas nous juger du tout, c'est de se présenter devant lui les mains vides… Tout ce que j'ai, je le dépense aussitôt pour acheter des âmes [90].

Âme du Christ, sanctifie-moi

Âme du Christ, sanctifie-moi.
Corps du Christ, sauve-moi.
Sang du Christ, enivre-moi.
Eau du côté du Christ, lave-moi.
Passion du Christ, fortifie-moi.
Ô bon Jésus, exauce-moi.
Dans tes plaies sacrées, cache-moi.
Ne permets pas que je sois séparé de toi.
Contre l'esprit méchant, défends-moi.
À l'heure de ma mort, appelle-moi.
Et ordonne-moi de venir à toi.
Pour qu'avec tes saints, je te loue.
Dans les siècles des siècles.
Amen [91].

---

[89] *Vie thérésienne,* 1979.

[90] Thérèse de l'Enfant Jésus à Sœur Marie de la Trinité, *Annales* 1986, n° 101.

[91] Ignace de Loyola (1491-1556).

MÉDITATION AVEC NOTRE-DAME

Réflexion doctrinale

C'est parce que Dieu a choisi Marie parmi toutes les jeunes filles de Galilée pour en faire sa Mère, qu'il nous faut l'imiter aujourd'hui, afin d'aller au Seigneur par le moyen dont il vient à nous. Oui, Marie est ce chemin qui conduit à Jésus. Qu'elle soit présente activement dans notre esprit, notre cœur et notre vie !

Avec l'ange Gabriel à l'Annonciation, avec Élisabeth à la Visitation, contemplons Marie, appelée de ce nom nouveau « pleine de grâce ».

Je vous salue Marie, pleine de grâce,
le Seigneur est avec vous,
vous êtes bénie entre toutes les femmes
et Jésus, le fruit de vos entrailles est béni.

Cette bénédiction de Dieu sur Marie est exceptionnelle : première des rachetés, préparée de toute éternité pour être la Mère de Jésus,

Marie a donné la vie à l'Auteur de la grâce. En devenant son enfant, Dieu fait de la Vierge Marie la Mère de la grâce.

La beauté du cœur de Marie est une plénitude qui la comble. Les pères du concile Vatican II ont médité sur ce don gratuit, cette merveille de la grâce accordée à Marie dès sa conception, en vue de sa maternité divine. Cette plénitude réside en Jésus comme grâce filiale et capitale ; elle réside en Marie comme grâce maternelle communiquée à un membre suréminent et absolument unique du Corps Mystique [92].

Marie est *« celle qui a cru »* dès la conception et la naissance de Jésus. Et, à mesure que se clarifie à ses yeux et à son esprit la mission de son Fils, elle s'ouvre toujours plus à la nouveauté de cette maternité exceptionnelle. Jésus apprend à Marie à être *« Mère »* de tous ceux que sa croix va racheter et engendrer dans la grâce et dans l'adoption divine.

Marie est l'écho de Dieu

Louis-Marie Grignion de Montfort écrit : Marie est l'écho admirable de Dieu qui ne répond que « Dieu » lorsqu'on lui crie « Marie ».

---

[92] Cf. Vatican II, constitution *Lumen Gentium* (1964), n° 53.

L'image est suggestive et chacun peut imaginer le son, le cri d'un appel qui retentit de hauteur en hauteur lorsqu'on se trouve en montagne ou encore de la plaine vers les sommets.

De même que Marie a accueilli la parole de l'ange à l'Annonciation, de même son sein original a reçu Dieu faible et petit, par l'intervention du Saint-Esprit.

Elle a reçu Dieu, elle ne donnera pas moins que Dieu. Jésus ne perd rien en elle de sa divinité.

C'est le Dieu très haut qui, en Marie, se fait le Dieu faible et petit. En lui se trouvent à la fois tous les attributs de la divinité et la faiblesse de notre condition mortelle.

Mais l'écho peut aussi résonner dans l'autre sens de la plaine vers les sommets, S. Louis-Marie écrit que Marie ne répond que : *« Dieu »* lorsqu'on lui crie *« Marie »*.

La parole qui est dite à Marie n'est pas seulement celle que Dieu lui confie pour les hommes, mais également celle que les hommes lui adressent pour Dieu. Lorsque nous prononçons son nom : *« Sainte Marie, Mère de Dieu, priez pour nous »*, Marie ne répond que *« Dieu »* [93].

Comme à Cana, ne gardant rien pour elle, Marie se fait l'écho :

des hommes auprès de Dieu :

---

[93] Louis-Marie GRIGNION DE MONTFORT, *Le Secret de Marie.*

ils n'ont plus de vin (Jn 2,3).

de Dieu auprès des hommes :

Faites tout ce qu'il vous dira (Jn 2,5).

Mère de miséricorde, ***Marie est près de chacun de nous*** dans toutes les situations de notre vie.

Marie demande sans cesse que Jésus croisse en nous. Elle nous porte, non seulement sous les plis de son manteau (comme certaines fresques et peintures aiment à la représenter), mais réellement dans son cœur très pur, près du cœur de son Fils.

Nous lui disons sans cesse ce Rosaire où toute l'histoire du salut du monde se déroule, dans le mystère de la Rédemption, jusqu'à la vie éternelle. Il doit y avoir pour elle, à notre sujet quelque chose d'analogue : un évêque roumain écrit :

« Marie n'égrène-t-elle pas pour chacun de nous, grâce après grâce, épreuve après épreuve, le rosaire de notre salut ? Les mystères joyeux, douloureux et glorieux de ce qui est la vie de son Fils, dans nos âmes ? Ne se penche-t-elle pas avec une infinie tendresse vers ce pauvre rosaire humain de nos existences qui est la raison même de la venue du Seigneur parmi nous ? Ne regarde-t-elle pas de toute son âme cette vie de Jésus dans la vie de chacun de ses enfants auxquels elle ne cesse de songer et, cela suivant des paroles de l'Ave, jusqu'à l'heure de la mort… de notre mort ? Ne s'unit-elle pas avec les derniers grains à la joie du Ciel qu'elle nous a procuré à côté d'elle [94] ? »

Marie purifie nos prières et nos actes

Le père Sankalé écrit : « Marie n'est pas le soleil divin ; elle n'en est même pas un pur rayon. Dieu seul est Dieu. Mais, elle est le ciel bleu immense dont la transparence lui fraie un chemin vers nous. »

Marie montre à la fois son amour pour les hommes, dont elle est la Mère, et son amour pour Dieu dont elle est la Mère. C'est ce que nous chantons dans l'hymne : « Ave Maria Stella ».

Montre que tu es Mère
et qu'il accueille mes prières
Celui qui, pour nous, s'est fait homme
et voulut être ton enfant.

Marie présente à son Fils les demandes des hommes, les besoins des âmes, les souffrances de ceux qui ne peuvent plus offrir, ni parler. Elle

---

[94] Mgr Ghika cité par Jean Daujat, *Mgr Ghika l'Apôtre du XXe siècle.*

dispose les cœurs à recevoir la sève vivifiante de la Rédemption du Christ. C'est sa puissance d'intercession pour ceux qui cheminent sur la terre, sa toute-puissance suppliante près de son Fils au Ciel.

« Mère » elle embellit ce que nous offrons à Dieu, elle purifie nos demandes.

« Mère » elle est notre avocate auprès du très haut.

« Mère » elle est éducatrice de la foi pour chacun de nous et nous apprend à prier.

« Mère » elle aime tous les hommes, ceux qui ont vécu avant le Christ et ceux qui vivront après lui.

Marie Médiatrice

Le terme est fort et il convient de l'expliquer. En effet, il n'y a de médiation que celle du Christ entre Dieu et les hommes : Dieu unit l'homme à son propre rachat par la médiation de son Fils qui en venant sur terre a assumé la nature humaine.

Marie est la créature qui a été la plus unie au Christ puisqu'elle lui a donné sa chair et que sa vie tout entière a été remplie du privilège de l'Immaculée Conception.

Le pape Jean-Paul II parle de la médiation de Marie comme d'une conséquence extraordinaire de sa maternité. Et ce rôle ne peut être compris et vécu que dans la foi.

La maternité de Marie, imprégnée jusqu'au plus profond d'elle-même de l'attitude nuptiale de « servante du Seigneur », constitue la dimension première et fondamentale de la médiation que l'Église lui reconnaît, qu'elle proclame et qu'elle recommande au cœur des fidèles, car elle a grande confiance en elle.

Marie a donc le droit d'intervenir entre son Fils et les hommes. Elle présente à son Fils les besoins des âmes, de toutes les âmes. Elle dispose chacune à recevoir l'influx de la Rédemption du Christ et c'est sa puissance d'intercession. La grâce nous permet d'être « sujet » des bienfaits du Christ. Marie, parce qu'elle est plus près de Dieu, constitue un chemin, intercède et joue ce rôle de médiatrice, de Mère de toutes les grâces [95].

Historique des litanies de la Sainte Vierge

Les litanies de la Sainte Vierge ou litanies de Lorette, d'inspiration orientale, sont apparues en occident au XIIe siècle. Elles furent spécialement

[95] JEAN-PAUL II, lettre encyclique *Redemptoris Mater,* n° 38-39.

en honneur dans le sanctuaire italien de Lorette (d'où leur nom). Elles sont attestées à partir de 1531 et Sixte Quint les approuva en 1587.

LITANIES DE NOTRE-DAME DE MONTLIGEON

Seigneur, prends pitié de nos frères défunts,
spécialement de ceux qui ont le plus besoin de ta miséricorde,
Christ, prends pitié de nos frères défunts,
spécialement de ceux qui ont le plus besoin de ta miséricorde,
Seigneur, prends pitié de nos frères défunts,
spécialement de ceux qui ont le plus besoin de ta miséricorde.
Marie, Fille du Père éternel,
secourez nos frères défunts,
Marie, Mère du Sauveur des hommes,
Marie, Temple du Saint-Esprit,
Marie, choisie par Dieu de toute éternité,
Marie, chantée par les prophètes,
Marie, aurore du Soleil de justice,
Marie, née sans le péché originel,
Marie, dont le corps n'a pas connu la corruption du tombeau,
Marie, que Jésus a revêtue de sa gloire,
Marie, dont le trône est près de celui de Jésus,

Marie, Reine des anges,
Marie, Reine du Ciel et de la terre,
Marie, dispensatrice de la grâce divine,
Marie, gage de salut pour ceux qui vous invoquent,
Marie, dont le nom inspire la confiance,
Marie, dont la main bénit toujours,
Marie, image du cœur de Jésus,
Marie, modèle de foi et d'humilité,
Marie, modèle de vie intérieure,
Marie, modèle de soumission à la volonté de Dieu,
Marie, modèle de toutes vertus,
Marie, honneur de l'humanité,
Marie, que l'on n'implore jamais en vain,
Marie, qui avez soustrait l'Enfant Jésus à la fureur d'Hérode,
Marie, qui avez partagé les souffrances du Sauveur du monde,
Marie, qui avez suivi Jésus sur le calvaire,
Marie, qui avez offert votre fils pour notre salut,
Marie, dont le cœur fut transpercé d'un glaive de douleur,
Vierge compatissante,
Médiatrice de paix entre Dieu et les hommes,
Notre avocate auprès de Dieu,
Source de vie,
Asile des orphelins,

Refuge des pécheurs,
Tendresse de Dieu près des mourants,
Espoir des désespérés,
Porte du ciel,
Providence des malheureux,
Consolatrice des affligés,
Notre-Dame de consolation,
Notre-Dame de miséricorde,
Notre-Dame du perpétuel secours,
Notre-Dame libératrice,
Notre-Dame de l'espérance,
Notre-Dame de Montligeon,

Sainte Mère de Dieu,
venez en aide à nos frères défunts,
afin qu'ils deviennent dignes des promesses de Jésus Christ.

Prions :

Seigneur, Notre Dieu, par l'intercession de la bienheureuse Vierge Marie, répands sur nos frères défunts ta miséricorde. Donne-nous de persévérer avec ta grâce sur le chemin de la vie éternelle où nous serons réunis dans ton amour.

Par Jésus Christ,
Amen.

DIMANCHE

Marie, Mère du Sauveur et Mère des hommes

ÉVANGILE : S. LUC 2,33-35

Son père et sa mère étaient dans l'étonnement de ce qui se disait de lui. Syméon les bénit et dit à Marie sa mère : Vois ! Cet enfant doit amener la chute et le relèvement d'un grand nombre en Israël ; il doit être un signe en butte à la contradiction et toi-même, une épée te transpercera l'âme afin que se révèlent les pensées intimes de bien des cœurs.

PRIÈRE D'INTERCESSION

Seigneur, Dieu éternel et tout-puissant, toi seul peux nous rendre la confiance quand nous ne comprenons pas les épreuves de nos vies, quand il nous semble que la mort est victorieuse. En pensant à nos frères et sœurs défunts, avec Marie et Joseph au temple de Jérusalem, nous te prions :

Ouvre nos cœurs à la grâce du Christ qui a fait sa demeure parmi nous,

pour être le réconfort de ceux qui souffrent.

Par le cœur immaculé de Marie, transpercé d'un glaive de douleur,

Seigneur, écoute-nous, exauce-nous.

Aide-nous à mourir au péché.

Par les mains de Marie, offrant son divin Fils au temple,

Seigneur, écoute-nous, exauce-nous.

Augmente aujourd'hui notre foi en ton Fils Jésus ressuscité des morts.

Par Marie qui prie, écoute et obéit,

Seigneur, écoute-nous, exauce-nous.

PRIÈRE

Ô Dieu, toi qui continues à sauver le monde par ceux qui souffrent et meurent sur la croix avec ton Fils, donne-nous, avec Marie, la grâce de les soutenir et de participer nous aussi avec un cœur purifié à l'Œuvre de la Rédemption.

TEXTES BREFS

Seigneur Jésus, continue à susciter des femmes de la lignée de Marie, images vivantes de la tendre pitié, pour que du berceau au tombeau et au-delà, toute créature humaine puisse se sentir aimée et veillée en ton saint nom, dans notre sainte mère l'Église [96].

Le 23 février 1896, la veille de la profession religieuse de sa sœur Céline, sœur Thérèse de l'Enfant Jésus décrit avec audace et esprit de foi combien cet acte d'église va être une source de grâces : « La Vierge Marie va ouvrir l'abîme du purgatoire et des multitudes innombrables d'âmes vont être libérées [97] »

---

[96] Jean-Paul II.
[97] C.T. 182.

LUNDI

Marie, modèle de foi et d'humilité

ÉVANGILE : S. LUC 2,48-49

À sa vue, ils (Marie et Joseph) furent saisis d'émotion et sa mère lui dit : « Mon enfant, pourquoi nous as-tu fait cela? Vois, ton père et moi nous te cherchions, angoissés. » Et il leur dit : « Pourquoi donc me cherchiez-vous? Ne saviez-vous pas que je dois être dans la Maison de mon Père? »

PRIÈRE D'INTERCESSION

Notre famille, notre communauté paroissiale, nos amis vivent le départ d'un des leurs pour la maison du Père. Dans une communion des cœurs, nous prions le Seigneur des morts et des vivants :

– Pour les prêtres, qu'ils sachent parler en témoins de la Résurrection du Christ et qu'ils communiquent leur foi et leur espérance en la vie éternelle,

Viens au secours, Seigneur, de notre foi.

– Pour nos frères qui approchent de la mort avec le regard et le cœur d'authentiques croyants, que leur exemple nous aide à consentir à tous les renoncements et tous les dépouillements que la vie impose,

Viens au secours, Seigneur, de notre foi.

– Pour tous ceux qui veillent près de ceux qui souffrent et meurent, le cœur rempli de compassion et de douleur. À l'exemple de Marie, qu'ils demeurent serviteurs de la charité et de la consolation,

Viens au secours, Seigneur, de notre foi.

– Pour tous les chrétiens à travers le monde, qu'en leur esprit ils sachent que leur vie est un pèlerinage vers Dieu et qu'ainsi ils soient des témoins de l'invisible,

Viens au secours, Seigneur, de notre foi.

– Pour les âmes du purgatoire, que le regard de Marie toujours compatissante leur obtienne d'entrer aujourd'hui dans la maison paternelle du bonheur éternel.

Viens au secours, Seigneur, de notre foi.

PRIÈRE

Seigneur, Père infiniment bon, toi qui as voulu que nous portions les souffrances les uns des autres dans une mutuelle charité, parce que nous sommes membres d'un même corps du Christ et que nous formons un seul peuple, accorde que notre prière, alors que nous sommes réunis autour de notre frère… hâte son entrée près de toi.

TEXTES BREFS

C'est là dans cette région qui dépasse mon âme qu'est la demeure de mon Dieu ; c'est là qu'il habite, c'est de là qu'il me regarde, de là qu'il m'a créé, de là qu'il me gouverne, de là qu'il prend soin de moi, de là qu'il m'appelle, de là qu'il m'encourage, de là qu'il me dirige, de là qu'il me conduit, de là qu'il m'amène au terme [98].

---

[98] AUGUSTIN D'HIPPONE, *Commentaire sur le Psaume 41.*

Reçois, Seigneur, l'âme de ton serviteur qui retourne à toi,

Revêts-la du manteau céleste et lave-la à la fontaine sacrée de la vie éternelle.

Qu'elle se réjouisse avec les bienheureux.

Amen.

Qu'elle savoure avec les sages.

Amen.

Couronnée, qu'elle entre dans le cortège des martyrs.

Amen.

Qu'elle s'avance avec les Patriarches et les Prophètes.

Amen.

Qu'elle voie, avec les anges, la clarté de Dieu.

Amen.

Avec ceux qui voient, qu'elle contemple Dieu face à face.

Amen.

Avec ceux qui entendent, qu'elle entende les mélodies célestes qu'on entend dans le Ciel.

Amen.

Par Jésus, le Christ, notre Seigneur.

Amen [99].

---

[99] Rituel monastique O.S.B. : récité lors de la veillée près d'un défunt dans les monastères de moines et moniales.

MARDI

Marie, modèle de soumission à la volonté de Dieu

ÉVANGILE : S. LUC 2,51-52

Jésus redescendit alors avec eux et revint à Nazareth et, il leur était soumis. Et sa mère gardait fidèlement toutes ces choses en son cœur. Quant à Jésus, il croissait en sagesse, en taille et en grâce, devant Dieu et devant les hommes.

PRIÈRE D'INTERCESSION

Jésus, l'Agneau de Dieu, est venu enlever le péché du monde.

Pour les défunts qui attendent encore que s'ouvre pour eux la porte du Ciel, afin que l'intercession de Notre-Dame, notre avocate auprès du Père, leur obtienne d'entrer dans la plénitude de la joie au festin des noces de l'Agneau,

R/ Avec Marie, modèle de soumission à la volonté de Dieu,
prions Jésus, sauveur du monde.

Marie retenait toutes choses en son cœur.

Pour tous ceux qui souffrent, afin qu'ils trouvent dans le dialogue avec Dieu, le réconfort dans leur épreuve et l'espérance en un Ciel nouveau où Dieu essuiera toute larme de leurs yeux.

R/ Avec Marie, refuge des pécheurs,
prions Jésus, sauveur du monde.

L'Église, notre mère, accompagne ses enfants tout au long de leur vie, depuis le baptême jusqu'à leur entrée dans l'éternité. Afin qu'elle puisse ramener vers leur Créateur et Père toutes les âmes régénérées par le sang du Christ,

R/ Avec Marie, Reine du Ciel et de la terre,
prions Jésus, sauveur du monde.

PRIÈRE

Dieu, qui es à l'origine de la famille et qui l'as voulue comme lien de l'amour et de la vie, accorde à toutes les familles de la terre de ressembler à celle que tu as donnée à ton Fils, d'être unies comme elle par les liens de la charité et de goûter après les difficultés de cette vie le bonheur sans fin.

TEXTES BREFS

La prière est la lumière de l'âme, la vraie connaissance de Dieu, la médiatrice entre Dieu et les hommes. Par elle, l'âme s'élève vers le Ciel et embrasse Dieu dans une étreinte inexprimable, assoiffée de lait divin, comme un nourrisson, elle crie avec larmes vers sa mère. La prière, puissante ambassadrice, réjouit et apaise l'âme [100].

Le peu qu'on donne par la Sainte Vierge, sans propre volonté et par une charité désintéressée, en vérité devient bien puissant pour fléchir la colère de Dieu et pour attirer sa miséricorde; et il se trouvera peut-être à la mort qu'une personne bien fidèle à cette pratique aura, par ce moyen, délivré plusieurs âmes du Purgatoire [101].

[100] Attribué à JEAN CHRYSOSTOME.

[101] Louis-Marie GRIGNION DE MONTFORT, *Traité de la vraie dévotion à la Sainte Vierge*, n° 172.

MERCREDI

Marie, notre avocate auprès de Dieu

ÉVANGILE : S. LUC 2,1-12

Le troisième jour, il y eut des noces à Cana et la mère de Jésus y était.

PRIÈRE D'INTERCESSION

Sur la terre comme au ciel, Marie ne cesse d'être la Mère. Elle est celle qui accompagne l'Église dans sa marche ici-bas, elle est celle qui, partageant la gloire de son Fils, continue de discerner ce qui manque à ses enfants et les enfants à la vie du Ciel.

Jésus, toi qui, fatigué, t'es assis au puits de Jacob en cherchant des âmes, regarde ceux qui peinent, qui trébuchent, qui ne savent plus le sens de leur existence.

Souviens-toi, Seigneur, de ton amour.

Jésus, toi qui as essuyé tant de larmes, soutiens aujourd'hui les familles éprouvées par le deuil d'un être cher.
Souviens-toi, Seigneur, de ton amour.

Jésus, toi qui as rendu la vue aux aveugles, montre à nos défunts ton visage de lumière et de paix.
Souviens-toi, Seigneur, de ton amour.

Jésus, toi qui as les paroles de la vie éternelle, souviens-toi de ceux qui ne te connaissent pas et qui vivent sans espoir, réveille en leur cœur l'espérance qui ne déçoit pas.
Souviens-toi, Seigneur, de ton amour.

PRIÈRE

Seigneur notre Dieu,
par l'intercession de la bienheureuse Vierge Marie, accorde aux défunts le pardon, aux vivants l'abondance de ta grâce, afin que tous soient réunis dans la joie éternelle [102].

[102] Prière de la messe à Notre-Dame de Montligeon.

TEXTES BREFS

L'Église nous enseigne que Marie est notre Avocate, notre mère, notre Espérance, notre Salut… Son invocation nous sera toujours utile parce que son pouvoir est grand et son cœur toujours disposé à nous secourir [103].

Pour la première fois à Cana, cette maternité de Marie apparaît comme sollicitude pour les hommes, comme médiatrice de l'amour de Jésus, comme relais maternel de miséricorde… La Mère de Miséricorde veille sur le destin de chacun et il ne nous est demandé que de lui laisser la porte ouverte de notre cœur – la porte de notre oui [104].

---

[103] P. CHEVRIER.

[104] Marie-Hélène MATHIEU, conférence à Notre-Dame de Paris, 1988.

JEUDI

Marie, Vierge compatissante et consolatrice des affligés

TEXTE BIBLIQUE : ISAÏE 53,4-5

Or, ce sont nos souffrances qu'il portait et nos douleurs dont il était chargé. Et nous, nous le considérions comme puni, frappé par Dieu et humilié. Mais lui, il a été transpercé à cause de nos crimes, écrasé à cause de nos fautes. Le châtiment qui nous rend la paix est sur lui et dans ses blessures nous trouvons la guérison.

« Vous tous qui passez par le chemin, regardez et voyez s'il est une douleur pareille à ma douleur » (Lm 1,12).

PRIÈRE D'INTERCESSION

Seigneur Jésus, sur le chemin de la croix, à l'heure de la solitude et de l'abandon, ta Mère ne pouvait être absente. Vierge des douleurs, Mère de toute compassion, avec elle nous te prions.

Puisse ne jamais manquer auprès d'aucun homme qui souffre un cœur de mère attentive et compatissante, une présence de tendresse et de compassion.

Jésus, fils de celle qui est bénie entre toutes les femmes, par l'amour et la douleur de ta mère, aie pitié de nous.

Puissent tous les fils reconnaître leur mère et toutes les mères accompagner leurs enfants sur le chemin de la vie, avec une fidélité qui ne s'arrête pas, même devant le sacrifice suprême de la séparation.

Jésus, fils de celle qui est bénie entre toutes les femmes, par l'amour et la douleur de ta mère, aie pitié de nous.

Puissent toutes les mères en détresse, angoissées à cause de leurs enfants, pleurant leurs égarements ou leur mort, reconnaître la présence aimante de Marie à leurs côtés.

Jésus, fils de celle qui est bénie entre toutes les femmes, par l'amour et la douleur de ta mère, aie pitié de nous.

Puissent toutes les âmes, se purifiant au feu

de l'amour du purgatoire, connaître le bonheur définitif : cette étreinte miséricordieuse de l'amour infini, payée d'un si grand prix sur le bois de la croix.

Jésus, fils de celle qui est bénie entre toutes les femmes, par l'amour et la douleur de ta mère, aie pitié de nous.

PRIÈRE

Seigneur, tu es tombé sous le poids de la croix alourdie par le péché du monde, marche à nos côtés pour que nous ne tombions pas, écrasés par le poids de nos fautes. Marche à nos côtés pour que nous n'allions pas défaillir sur le chemin qui, par la passion, conduit à la gloire. Marche à nos côtés, pour que, portant les fardeaux les uns des autres, nous devenions vraiment tes disciples [105].

TEXTES BREFS

Et le nom de la Vierge était Marie… ce nom qui signifie « étoile de la mer ».

Ô toi, qui que tu sois, qui as conscience, dans le cours de ce monde, d'être davantage ballotté au milieu des orages et des tempêtes… ne quitte pas du regard les feux de cet astre. Si les rafales des

[105] Cardinal PULJIC, archevêque de Sarajevo, *Chemin de croix* de l'A.E.D.

tentations se déchaînent, si tu dérives droit sur les récifs des tribulations, regarde l'étoile, appelle Marie… Si, troublé par l'énormité de tes fautes… tu commences à sombrer dans le gouffre de la tristesse, pense à Marie ! Dans les périls, dans les angoisses, pense à Marie, invoque Marie ! Que ce nom ne s'éloigne pas de tes lèvres, ne s'éloigne pas de ton cœur et, pour obtenir la faveur de sa prière, ne délaisse pas l'exemple de sa vie [106].

Oui, viens Seigneur Jésus… cherche ta brebis fatiguée… laisse donc les quatre-vingt-dix-neuf autres qui sont tiennes et viens chercher l'unique qui s'était égarée.

Viens sans te faire aider, sans te faire annoncer : c'est toi que maintenant j'attends… Ne prends pas de fouet, prends ton amour, viens avec la douceur de ton Esprit.

Cherche-moi, Seigneur, puisque ma prière te cherche. Cherche-moi, trouve-moi, relève-moi, porte-moi. Ce fardeau de ton amour, il ne t'est jamais à charge et tu te fais sans lassitude le péager de ta justice.

Et puis porte-moi jusque sur ta croix, elle est le salut des errants, le seul repos des fatigués, l'unique vie de ceux qui meurent [107].

---

[106] Bernard de Clairvaux, *Homélie* 2, 17.

[107] Ambroise de Milan, *Commentaires du Psaume 118 – Sermon* 22, 27-30.

VENDREDI

Marie, tendresse de Dieu près des mourants

ÉVANGILE : S. JEAN 19,28-30

Après quoi, sachant que désormais tout était achevé pour que l'Écriture fût parfaitement accomplie, Jésus dit : « J'ai soif ». Un vase était là, rempli de vinaigre… Quand il eut pris le vinaigre, Jésus dit : « C'est achevé » et inclinant la tête, il remit l'esprit.

PRIÈRE D'INTERCESSION

Marie est Mère. Elle a marché dans la foi sur notre terre. Elle reçut le corps de Jésus dans ses bras à la descente de la croix. Proche de nous, elle nous invite à prier son Fils, Voie, Vérité et Vie.

Lorsque nous sommes prostrés dans le péché, le doute ou la douleur, donne-nous, Jésus, la certitude que tu te penches sur nous pour nous dire : lève-toi et marche.

Agneau de Dieu qui laves les péchés du monde, aie pitié de nous.

Par le baptême tu as rendu à nos vêtements leur blancheur en les lavant de ton sang. Révèle-nous Jésus, le sens de ton dépouillement sur la croix : tu es nu pour que nous soyons un jour revêtus de ta gloire.

Agneau de Dieu qui laves les péchés du monde, aie pitié de nous.

Jésus, cloué à la croix, souviens-toi dans ton Royaume de tous les prisonniers privés de liberté, de tous les hommes enchaînés par leurs passions et leurs péchés, des âmes du purgatoire attendant l'aube de leur délivrance.

Agneau de Dieu qui laves les péchés du monde, aie pitié de nous.

PRIÈRE

Tu as voulu, Seigneur, que la Mère de ton Fils, debout près de la croix fût associée à ses souffrances. Accorde à ton Église de s'unir, elle aussi à la Passion du Christ afin d'avoir part à sa Résurrection.

TEXTES BREFS

Seigneur, je suis à la fois le larron qui blasphème et celui qui met sa confiance en toi. Unifie-moi, Jésus, dans cette confiance, qu'au moment de mes révoltes, de mes doutes, qu'au moment de ma mort, je t'appelle. Souviens-toi de moi quand tu seras dans ton Royaume, l'instant alors devient la porte de l'éternité, ta mort juge mon jugement, la lumière de ton cœur est mon paradis [108].

Quand tu te remets, Jésus, entre les mains du Père, la plainte de ta mort devient, dans le cœur de l'Église-Mère un cri de joie pour la naissance de l'homme nouveau. Ce mystère est grand [109].

Ici la Passion prend fin et la compassion continue. Le Christ n'est plus sur la croix, il est avec Marie qui l'a reçu. Comme elle l'accepta, promis, consommé, elle le reçoit, le Christ qui a souffert aux yeux de tous, de nouveau au sein de sa mère est caché.

L'Église entre ses bras, à jamais, prend en charge son bien-aimé. Elle l'a pris, elle voit, elle touche, elle prie, elle pleure, elle admire. Elle

---

[108] Olivier CLÉMENT.

[109] JEAN-PAUL II, Chemin de Croix.

est le suaire et l'onguent, elle est la sépulture et la myrrhe. Elle est le prêtre et l'autel et le vase et le Cénacle. Ici finit la croix et commence le tabernacle [110].

L'Église invite les croyants à considérer le mystère de la mort non comme le dernier mot sur le destin de l'homme, mais comme le passage vers la vie éternelle [111].

---

[110] Paul Claudel.

[111] Jean-Paul II, 2 novembre 2003.

SAMEDI

Marie, Porte du Ciel

TEXTE BIBLIQUE : AP 12,1

Un signe grandiose apparut au ciel : une Femme, le soleil l'enveloppe, la lune est sous ses pieds et douze étoiles couronnent sa tête.

« Le Tout-Puissant a fait pour moi des merveilles » (Luc 1,49).

PRIÈRE D'INTERCESSION

Qui habitera dans ta maison, Seigneur ?
Qui reposera sur ta montagne ?
Tu es le Dieu qui me sauve.

Béni sois-tu Seigneur,
Dieu de tendresse et d'amour.

Selon ta bonté et l'abondance de ta miséricorde

purifie-moi de mes fautes cachées, oublie mes révoltes, les péchés de ma jeunesse.

Béni sois-Tu Seigneur,
Dieu de tendresse et d'amour.

Délivre ton peuple en renouvelant tes merveilles, glorifie ton Nom, Seigneur.
Accorde le pardon et ceux qui espèrent en toi ne seront pas déçus.

Béni sois-tu Seigneur,
Dieu de tendresse et d'amour.

PRIÈRE

Père très saint, en vénérant la Vierge Marie, c'est toi que nous exaltons, c'est toi que nous bénissons. Sa naissance a annoncé la joie à l'univers ; son enfantement virginal nous a donné la joyeuse lumière, le Christ Jésus. Sa vie très humble illumine toutes les Églises, élevée maintenant dans la gloire du Ciel, elle veille sur nous comme notre sœur et notre mère, jusqu'au jour où avec elle, avec tous les êtres chers qui nous ont précédés, nous te verrons pour toujours.

TEXTES BREFS

Elle est la Vierge très humble qui nous a ouvert la porte de la vie éternelle. Ève l'avait fermée par son manque de foi.

Elle est la Vierge suppliante qui intercède pour les pécheurs pour qu'ils se tournent vers son Fils, source de grâce et porte ouverte du pardon [112].

Qui plus que Marie continue au Ciel à louer, adorer et implorer le Seigneur ? Oui, Marie est là, grande, priante, elle élargit les mains en un geste d'ouverture à Dieu et d'imploration universelle, maternellement prévoyante pour le salut de tous. Souvenons-nous toujours qu'au Ciel Marie prie pour nous et appuyons-nous donc avec confiance sur sa puissante intercession, avec le désir que la volonté de Dieu s'accomplisse en nous [113].

Je suis fasciné de plus en plus par l'Assomption de Marie. Je crois qu'il faut méditer cette réalité de la présence de Marie Immaculée près de la Trinité. Elle est comme une petite flamme dans la fournaise de l'amour trinitaire. Nous sommes appelés à être aussi de petites flammes

---

[112] Préface de la messe de Sainte Marie Porte du Ciel.

[113] Jean-Paul II, 14 juin 1983.

dans le feu divin, comme elle… Je crois que Marie nous appelle à nous laisser prendre comme elle dans le feu, dans l'incandescence de l'amour de Dieu [114].

La véritable icône appelée communément « Marie Porte du Ciel » a une histoire très ancienne (avant la profanation des iconoclastes, donc avant 729). Si des exemplaires de style byzantin existent partout dans le monde et notamment en Russie, l'original est au Mont Athos, dignement vénéré par les moines géorgiens où elle porte le nom grec de *« Portaïssa »*. Ce mot signifie : gardienne de la porte du Ciel.

Portaïssa : Marie est celle qui est à la porte pour nous l'ouvrir, elle nous invite à la franchir et elle nous facilite le passage. La porte, c'est Jésus. Il nous le dit : *« Je suis la porte des brebis… je suis la porte, si quelqu'un entre par moi, il sera sauvé, il entrera et sortira et trouvera un pâturage »* (Jn 10,7-9).

Porte du Ciel : Marie est celle qui ouvre les portes du Salut par l'incarnation. Elle nous invite toujours à ouvrir la porte de nos cœurs pour laisser entrer son Fils et ainsi nous confier à sa miséricorde infinie. Si sur la terre elle fait signe

---

[114] Cardinal Danneels, cité dans le Recueil de Prières et de Méditations, éd. Parvis, 1997.

aux souffrants, aux égarés, aux rejetés, à tous les pauvres… nous pouvons penser qu'au Ciel, elle continue.

Toujours vierge et sans tache. Tu es chaste, ô Marie, toi qui es devenue la porte étincelante du Ciel [115].

Sainte Mère du rédempteur, porte du Ciel toujours ouverte, Étoile de la mer, secourez ce peuple qui tombe, mais cherche à se relever [116].

---

115 Hymne « Inviolata ».
116 Hymne « Alma Redemptoris Mater ».

CONCLUSION

Au terme de ces quatre semaines de prière, un sentiment habite nos cœurs… c'est celui qui a jailli spontanément sur les lèvres des disciples d'Emmaüs : « Reste avec nous Seigneur. »

Dieu nous a fait cette grâce d'une prière prolongée, vivifiée par la lumière de son Esprit, dans un mystère de communion entre le Ciel et la terre. Nous avons été guidés par la foi, dans la prière de Jésus, s'adressant lui-même à son Père :

Père, ceux que tu m'as donnés,
Je veux que là où je suis,
Eux aussi soient avec moi.
Je leur ai fait connaître ton Nom.
Et je le leur ferai connaître,
Pour que l'amour dont tu m'as aimé
Soit en eux et moi en eux (Jn 17,24-26).

La prière, mystère d'amour et de communion, nous a rappelé notre responsabilité à l'égard de nos frères et sœurs en humanité. De même que par la charité, nous exerçons ce souci de nos frères, de même dans la prière, nous portons les autres, les plus faibles, peut-être les plus pauvres dans l'ordre spirituel. Il est bon de se souvenir de cela dans les moments de tentation et d'épreuve, lorsque nous côtoyons les précipices du péché.

La vie éternelle est un don gratuit de la part de Dieu et une invitation qui oblige. Pour aller à la rencontre du Christ, pour être participant de ce rendez-vous éternel et comblant, il faut revêtir la tenue des noces. Cette exigence est pour tous, l'Évangile nous le rappelle (Mt 22). Prier pour les âmes du purgatoire revêt donc deux aspects : notre sanctification personnelle et la coopération, par la générosité, à ce dessein divin qui veut sauver l'homme.

Le cardinal Garrone en citant Pascal écrit : « Nous sommes indignes de Dieu ; nous ne sommes pas incapables d'en être rendus dignes. » C'est le mystère de l'amour de Dieu pour nous et de notre réponse de foi.

Avec S. Paul, nous savons que « les choses visibles n'ont qu'un temps, les invisibles sont éternelles » (2 Co 4,18). Et S. Ignace d'Antioche, martyr des premiers siècles de l'Église, nous a laissé en testament ses lettres écrites avec un cœur de feu :

Il y a en moi une eau vive qui murmure :
Viens vers le Père (Lettre aux Romains VII, 2).

C'est la joie discrète mais certaine des âmes du purgatoire dans l'attente que s'ouvre pour elles l'unique porte du ciel. C'est notre joie et notre espérance à nous tous.

OFFICE DES DÉFUNTS

Présentation

« Recevez le livre de la prière de l'Église afin de chanter sans cesse la louange du Père des Cieux et d'intercéder pour le salut du monde entier. »

Le diacre et le prêtre au jour de leur ordination, la moniale, le moine et les religieux, au jour de leur profession solennelle, reçoivent de l'Évêque cette mission officielle et propre à leur état de vie : la louange et l'intercession pour le salut du monde… Depuis le concile Vatican II, la nouvelle terminologie du livre de la prière publique de l'Église s'appelle : *« La Liturgie des Heures ».*

La nouveauté de la « liturgie des heures » consiste dans sa présentation à la fois de prière officielle certes, au nom du Christ et de son Corps mystique, et de prière publique et commune du peuple de Dieu.

Nous proposons maintenant l'Office des

défunts, c'est-à-dire la prière pour les jours où nous faisons mémoire des défunts.

Matin

HYMNE

Christ, viens combler notre abandon.
La mort nous jette dans l'effroi.
Ô seul espoir du doux pardon,
Nous élevons nos yeux vers toi.

Rappelle-toi Gethsémani,
Le Calvaire et la lourde Croix,
Et l'agonie et ce grand cri…
Penchant la tête sur le Bois.

Tu portais toutes nos langueurs
Avec les tiennes, les offrant,
Et tu priais pour nous, pécheurs,
Avec la Voix de tout ton sang.

Et tu avais les bras ouverts.
Ton Cœur de Dieu fut transpercé ;
Le sang et l'eau dans nos déserts
Coulent en fleuves de bonté.

Garde en repos les pauvres corps
De nos chers frères jusqu'au jour

Où triomphant de toute mort
Ils revivront dans ton amour.
Amen.

PSAUME 50

Ant. Ils danseront pour toi, Seigneur,
les os que tu broyas.

Pitié pour moi, mon Dieu dans ton amour,
Selon ta grande miséricorde,

Efface mon péché.
Lave-moi tout entier de ma faute,
Purifie-moi de mon offense.

Oui, je connais mon péché,
Ma faute est toujours devant moi.
Contre toi, et toi seul, j'ai péché,
Ce qui est mal à tes yeux, je l'ai fait.

Ainsi, tu peux parler et montrer ta justice,
Être juge et montrer ta victoire.
Moi, je suis né dans la faute,
J'étais pécheur dès le sein de ma mère.

Mais tu veux au fond de moi la vérité;
Dans le secret, tu m'apprends la sagesse.

Purifie-moi avec l'hysope, et je serai pur ;
Lave-moi et je serai blanc, plus que la neige.

Fais que j'entende les chants et la fête :
Ils danseront, les os que tu broyais.
Détourne ta face de mes fautes,
Enlève tous mes péchés.

Crée en moi un cœur pur, ô mon Dieu,
Renouvelle et raffermis
Au fond de moi mon esprit.
Ne me chasse pas loin de ta face,
Ne me reprends pas ton esprit saint.

Rends-moi la joie d'être sauvé ;
Que l'esprit généreux me soutienne.
Aux pécheurs, j'enseignerai tes chemins ;
Vers toi, reviendront les égarés.

Libère-moi du sang versé, Dieu,
mon Dieu Sauveur,
et ma langue acclamera ta justice.
Seigneur, ouvre mes lèvres,
Et ma bouche annoncera ta louange.

Si j'offre un sacrifice, tu n'en veux pas,
Tu n'acceptes pas d'holocauste.
Le sacrifice qui plaît à Dieu,
C'est un esprit brisé ;

Tu ne repousses pas, ô mon Dieu,
Un cœur brisé et broyé.
Accorde à Sion le bonheur,
Relève les murs de Jérusalem.
Alors tu accepteras de justes sacrifices,
Oblations et holocaustes ;
Alors on offrira des taureaux sur ton autel.

Gloire au Père…

CANTIQUE (IS 38)

Ant. Des puissances de la mort,
délivre-moi, Seigneur.

Je disais : au milieu de mes jours,
Je m'en vais ;
J'ai ma place entre les morts
Pour la fin de mes années.

Je disais : je ne verrai pas le Seigneur
Sur la terre des vivants,
Plus un visage d'homme
Parmi les habitants du monde !

Ma demeure m'est enlevée, arrachée,
Comme une tente de berger.
Tel un tisserand, j'ai décidé ma vie :

Le fil est tranché.

Du jour à la nuit, tu m'achèves ;
J'ai crié jusqu'au matin.
Comme un lion, il a broyé tous mes os.
Du jour à la nuit, tu m'achèves.

Comme l'hirondelle, je crie ;
Je gémis comme la colombe.
À regarder là-haut, mes yeux faiblissent :
Seigneur, je défaille ! Sois mon soutien !

Que lui dirai-je pour qu'il me réponde,
À lui qui agit ?
J'irais, errant au long des années,
Avec mon amertume ?

Oui, tu me guériras, tu me feras vivre :
Mon amertume amère me conduit à la paix.

Et toi, tu t'es attaché à mon âme,
Tu me tires du néant de l'abîme.

Tu as jeté, loin derrière toi,
Tous mes péchés.

La mort ne peut te rendre grâce,
Ni le séjour des morts, te louer.
Ils n'espèrent plus ta fidélité,

ceux qui descendent dans la fosse.

Le vivant, le vivant, lui, te rend grâce,
Comme moi, aujourd'hui.
Et le père à ses enfants
Montrera ta fidélité.
Seigneur, viens me sauver !
Et nous jouerons sur nos cithares,
Tous les jours de notre vie,
Auprès de la maison du Seigneur.

Gloire au Père…

PSAUME 145

Ant. Je veux jouer pour le Seigneur,
tant que je vis, chanter pour mon Dieu,
tant que je dure.

Ne comptez pas sur les puissants,
Des fils d'homme qui ne peuvent sauver !
Leur souffle s'en va : ils retournent à la terre ;
Et ce jour-là, périssent leurs projets.

Heureux qui s'appuie sur le Dieu de Jacob,
Qui met son espoir
dans le Seigneur son Dieu,
Lui qui a fait et le ciel et la terre

Et la mer et tout ce qu'ils renferment!

Il garde à jamais sa fidélité,
Il fait justice aux opprimés;
Aux affamés, il donne le pain;
Le Seigneur délie les enchaînés.

Le Seigneur ouvre les yeux des aveugles,
Le Seigneur redresse les accablés,
Le Seigneur aime les justes,
Le Seigneur protège l'étranger.

Il soutient la veuve et l'orphelin,
Il égare les pas du méchant,
D'âge en âge, le Seigneur, régnera :
Ton Dieu, ô Sion, pour toujours!

Gloire au Père…

PAROLE DE DIEU (1 TH 4,14)

Jésus, nous le croyons, est mort et ressuscité; de même, nous le croyons, ceux qui se sont endormis, Dieu, à cause de Jésus, les emmènera avec son Fils.

R/ Tu m'as relevé, tu m'as guéri :
Sans fin, Seigneur, je te rendrai grâce.

V/ Tu as changé mon deuil en allégresse.
Sans fin.
Gloire au Père…
R/ Tu m'as relevé.

CANTIQUE DE ZACHARIE

Ant. Je suis la résurrection et la vie,
Qui croit en moi, fût-il mort, vivra.
Béni soit le Seigneur, le Dieu d'Israël,
Qui visite et rachète son peuple.

Il a fait surgir la force qui nous sauve
Dans la maison de David, son serviteur.

Comme il l'avait dit par la bouche des saints,
Par ses prophètes, depuis les temps anciens.

Salut qui nous arrache à l'ennemi,
À la main de tous nos oppresseurs,

Amour qu'il montre envers nos pères,
Mémoire de son alliance sainte,

Serment juré à notre père Abraham
De nous rendre sans crainte,

Afin que délivrés de la main des ennemis

Nous le servions dans la justice
et la sainteté,
En sa présence, tout au long de nos jours.

Et toi, petit enfant, tu seras appelé
Prophète du Très Haut :
Tu marcheras devant, à la face du Seigneur,
Et tu prépareras ses chemins

Pour donner à son peuple
De connaître le salut
Par la rémission des péchés,

Grâce et tendresse, à l'amour de notre Dieu,
Quand nous visite l'astre d'en haut,

Pour illuminer ceux qui habitent les ténèbres
Et l'ombre de la mort,
Pour conduire nos pas
Au chemin de la paix.

Gloire au Père…

LOUANGE ET INTERCESSION

Prions Dieu le Père tout-puissant qui a ressuscité Jésus d'entre les morts
Et qui donnera la vie à nos corps mortels :

R/ Seigneur, fais-nous vivre dans le Christ.

Père très saint, par le baptême nous avons été ensevelis avec ton Fils, et nous sommes ressuscités avec lui :

– fais-nous marcher dans une vie nouvelle pour qu'au-delà de la mort nous vivions toujours avec le Christ. *R/*

Tu nous as donné le pain vivant qui descend du ciel :

– fais que nous y trouvions la vie, et la résurrection au dernier jour. *R/*

Tu as envoyé un ange pour réconforter ton Fils dans son agonie,

– à l'heure de notre mort, soutiens notre espérance. *R/*

Tu as arraché les trois enfants aux flammes de la fournaise :

– délivre nos défunts du poids de leurs fautes. *R/*

Dieu des vivants et des morts, toi qui as ressuscité Jésus,

– ressuscite nos morts et place-nous avec eux près de lui. *R/*

Notre Père…

Seigneur, toi seul peux nous rendre la confiance quand il nous semble que la mort est victorieuse. Augmente aujourd'hui notre foi en ton Fils Jésus ressuscité des morts; affermis notre espérance de la résurrection des défunts, nos frères.

Soir

HYMNE

Christ, pour la gloire de ton Père
Et pour refaire notre sort
Dans ta puissance, quel mystère!
Tu brises l'arme de la mort.

Pour affronter la Redoutable
Tu revêts notre déconfort
Et le serpent suppôt du diable
Est écrasé avec sa mort.

À la première aube pascale
Tu sors vivant hors du Tombeau
Et par la grâce baptismale
Mets en nos cœurs un chant nouveau.

Mais d'une grâce consommée
Ô notre Époux, quand tu viendras,
Trouve nos lampes allumées,
Fais-nous entrer où tu iras.

Accueille-nous, ô juste Juge
Dans ta Lumière et ton Repos
Sois notre Dieu, notre refuge,
C'est ton Amour qui nous enclôt.

Appelle donc notre cher frère
Libre des chaînes du présent
Dans le Royaume de ton Père
Qu'il vous loue éternellement.

Amen.

PSAUME 20

Ant. Le Seigneur te gardera de tout mal,
Il gardera ta vie.

Je lève les yeux vers les montagnes :
D'où le secours me viendra-t-il ?
Le secours me viendra du Seigneur
Qui a fait le ciel et la terre.

Qu'il empêche ton pied de glisser,
Qu'il ne dorme pas, ton gardien.
Non, il ne dort pas, ne sommeille pas,
Le gardien d'Israël.

Le Seigneur, ton gardien, le Seigneur,

Ton ombrage se tient près de toi.
Le soleil pendant le jour ne pourra te frapper,
Ni la lune, durant la nuit.

Le Seigneur te gardera de tout mal,
Il gardera ta vie.
Le Seigneur te gardera au départ et au retour
Maintenant et à jamais.

Gloire au Père…

PSAUME 129

Ant. Si tu retiens les fautes, Seigneur,
Seigneur, qui subsistera ?

Des profondeurs je crie vers toi, Seigneur,
Seigneur, écoute mon appel !
Que ton oreille se fasse attentive
Au cri de ma prière !

Si tu retiens les fautes, Seigneur,
Seigneur, qui subsistera ?
Mais près de toi se trouve le pardon
Pour que l'homme te craigne.

J'espère le Seigneur de toute mon âme ;
Je l'espère, et j'attends sa parole.

Mon âme attend le Seigneur,
Plus qu'un veilleur ne guette l'aurore.
Plus qu'un veilleur ne guette l'aurore,
Attends le Seigneur, Israël.

Oui, près du Seigneur, est l'amour;
Près de lui, abonde le rachat.

C'est lui qui rachètera Israël
De toutes ses fautes.

Gloire au Père…

CANTIQUE (PH 2)

Ant. Comme le Père éveille les morts,
ainsi le Fils donne la vie.

Le Christ Jésus, ayant la condition de Dieu,
Ne retint pas jalousement
Le rang qui l'égalait à Dieu.
Mais il s'est anéanti,
Prenant la condition de serviteur.

Devenu semblable aux hommes,
Reconnu homme à son aspect,
Il s'est abaissé,
Devenant obéissant jusqu'à la mort,

Et la mort de la croix.

C'est pourquoi Dieu l'a exalté :
Il l'a doté du Nom
Qui est au-dessus de tout nom,

Afin qu'au nom de Jésus
Tout genou fléchisse
Au ciel, sur terre et aux enfers,

Et que toute langue proclame :

« Jésus Christ est Seigneur »
À la gloire de Dieu le Père.

Gloire au Père…

PAROLE DE DIEU (1 CO 15,55-57)

Ô Mort, où est ta victoire? Ô Mort, où est ton dard venimeux? Le dard de la mort, c'est le péché; ce qui renforce le péché, c'est la Loi.

Rendons grâce à Dieu qui nous donne la victoire par Jésus-Christ, notre Seigneur.

R/ Seigneur, mon Dieu, mon espérance,
Fais-moi vivre car je compte sur toi.
V/ Ton amour fait pour moi des merveilles.

Fais-moi vivre car je compte sur toi.
Gloire au Père…
R/ Seigneur, mon Dieu…

CANTIQUE DE MARIE

Ant. Tous ceux que m'a donnés le Père viendront à moi, je les garderai près de moi, à jamais.

Mon âme exalte le Seigneur,
Exulte mon esprit en Dieu mon Sauveur.

Il s'est penché sur son humble servante,
Désormais tous les âges me diront bienheureuse.

Le Puissant fit pour moi des merveilles,
Saint est son Nom.

Son amour s'étend d'âge en âge,
Sur ceux qui le craignent.

Déployant la force de son bras,
Il disperse les superbes.

Il renverse les puissants de leurs trônes,
Il élève les humbles.

Il comble de biens les affamés,
Renvoie les riches les mains vides.

Il relève Israël son serviteur,
Il se souvient de son amour,

De la promesse faite à nos pères,
En faveur d'Abraham et de sa race à jamais.

Gloire au Père…

PRIÈRE D'INTERCESSION

Supplions le Seigneur Jésus qui transformera notre corps mortel à l'image de son corps de gloire :

R/ Tu es notre vie et notre résurrection.

Ô Christ, Fils du Dieu vivant, toi qui as ressuscité ton ami Lazare,
– conduis à la résurrection ceux que tu as rachetés par ton sang. *R/*
Ô Christ, consolateur des affligés, tu as essuyé les larmes de ceux qui avaient perdu l'un des leurs,
– soutiens aujourd'hui nos frères éprouvés par le deuil. *R/*

Ô Christ, vainqueur de la mort, tu as détruit en ton corps le pouvoir du péché,
– délivre-nous de la mort, fais-nous vivre avec toi. *R/*
Ô Christ, lumière du monde, tu as rendu la vue aux aveugles,
– révèle ton visage aux défunts. *R/*
Souviens-toi de ceux qui ne te connaissent pas encore et qui n'ont pas d'espérance,
– donne-leur de croire à ta résurrection et à la vie sans fin. *R/*
Quand nous devrons quitter ce monde qui passe,
– fais-nous entrer dans ta demeure éternelle. *R/*

Notre Père…

Seigneur, toi seul peux nous rendre la confiance quand il nous semble que la mort est victorieuse. Augmente aujourd'hui notre foi en ton Fils Jésus ressuscité des morts ; affermis notre espérance de la résurrection des défunts nos frères.

CHOIX DE PRIÈRES POUR DIVERSES CIRCONSTANCES

Prière pour les agonisants

Ô très miséricordieux Jésus, qui brûles d'un si ardent Amour pour les âmes, je t'en conjure, de ton saint Cœur et par les douleurs de ta Mère Immaculée, purifie dans ton Sang tous les pécheurs de la terre qui sont maintenant à l'agonie et qui aujourd'hui même doivent mourir.

Prière à St Joseph « Patron des mourants » [117]

Saint Joseph, toi qui as eu le bonheur d'être entouré de Jésus et de Marie quand vint pour toi le moment de retourner à la maison du Père, c'est à juste titre que les chrétiens s'adressent à toi comme au patron et au consolateur des mourants.

---

[117] Prière de l'Oratoire Saint-Joseph du Mont-Royal (Canada).

Nous te demandons aujourd'hui ton soutien pour les derniers instants de notre vie terrestre.

Obtiens-nous la grâce de vivre ici-bas comme toi, dans la justice et dans la droiture, en présence de Jésus et de Marie, sans jamais être séparés d'eux.

Ainsi, au moment où nos jours prendront fin, notre vie terrestre sera transformée en une éternité de bonheur auprès du Seigneur.

Amen.

Prière pour un défunt

Dans notre peine, Seigneur, nous t'implorons avec confiance. Souviens-toi de ce que tu as fait pour N… : au jour de son baptême, tu l'as accueilli parmi tes enfants. Tout au long de son pèlerinage sur la terre, tu as veillé sur lui pour le mener vers toi. Maintenant qu'il nous a quittés, accueille-le parmi tes amis les saints. Qu'il partage auprès de toi leur bonheur sans fin, là où tout n'est que paix et lumière. N'oublie pas ceux qui sont dans la peine. Essuie les larmes de nos visages et accorde-nous la grâce d'une espérance sans défaillance.

Par Jésus-Christ notre Seigneur. Amen

Prière au moment de la fermeture du cercueil

Seigneur, nous tournons vers toi notre regard au moment où disparaît ce visage qui nous est cher et nous te prions : accorde à N… de te voir face à face dans la lumière et affermis notre espérance de le (la) revoir auprès de toi, toi qui vis et règnes pour les siècles des siècles. Amen.

Prière au moment du départ de la maison [118]

Dieu, notre Père, voici le moment où N… va quitter la demeure qu'il (elle) aimait. Vois notre tristesse et le vide que son absence va creuser dans la famille.

Seigneur, nous te disons merci pour tous les moments de bonheur passés ensemble, pour ton soutien à l'heure de l'épreuve.

Seigneur, tu sais que nous ne pouvons pas vivre sans abri. Nous t'en prions, accueille ton enfant dans ta demeure.

Tiens-toi sur le seuil, tends-lui les bras.

Et conduis-le (la) auprès de ceux qui l'ont précédé(e) dans ta lumière. Amen.

---

[118] Sœur JACQUELINE.

Prière au cimetière

Seigneur, en cet instant où s'achève le passage de celui que nous aimons, et que finit tout ce qu'il représentait pour nous, nous confions à la terre qui l'a porté notre frère qui a terminé son chemin parmi nous.

Dès avant sa naissance, tu l'as aimé, tu l'as formé à ton image, puis tu l'as appelé à vivre de ta vie, à témoigner, bien imparfaitement, de ton amour. Tu le reçois, en ce jour de rupture, dans le dénuement total, comme à son premier jour. Et maintenant, à travers nos yeux embués de larmes, notre regard se tourne vers l'Espérance : Dieu tout-puissant tu sais la révolte et le refus de notre cœur déchiré, ouvre-le doucement au consentement intime, à une acceptation, sereine et douce, de notre condition d'hommes appelés vers toi par le Christ.

Ici, sur la tombe de notre frère, chaque jour, à l'heure où se couche le soleil, et jusqu'à la résurrection des corps, s'étendra l'ombre de ta Croix.

Seigneur, éternel est ton amour pour celui que tu as créé.

Prière pour le veuvage [119]

Seigneur, en souvenir de mon conjoint (de ma conjointe) qui m'a quitté(e), je viens me confier à toi.

Que ta miséricorde se manifeste sur lui (elle). Que ton amour soit présent sur nous deux : Lui (elle) dans l'éternité, moi-même à tout moment, particulièrement dans les périodes difficiles de la vie. Que ta providence nous réunisse un jour, avec toute la famille, pour jouir ensemble de cette félicité que tu as promise et à laquelle nous croyons.

Que la Vierge Marie intercède pour nous tous, spécialement pour les membres de nos familles qui nous ont quittés.

Et ramène dans la bonne voie, Seigneur, tous ceux qui l'ont abandonnée.

Pour nous tous, enfin, augmente notre foi et fais-nous témoins de ton Amour.

Amen.

Prière pour un petit enfant (baptisé) [120]

Seigneur, tu vois la peine de ceux qui viennent

---

[119] Maurice Hidoux.

[120] *Rituel des funérailles,* Desclée-Mame, 1972. © A.E.L.F.

de perdre leur enfant : soutiens-les dans cette épreuve. Et puisque N… sur qui a coulé l'eau du baptême, est entré avant nous dans la vie du ciel, accorde-nous de connaître un jour avec lui la joie qui ne finit pas.

Par Jésus le Christ Notre Seigneur.

Amen.

Prière pour un enfant mort sans baptême [121]

Dieu de tendresse et de pitié, nous te prions pour les parents de cet enfant et pour leurs amis. Ils pleurent maintenant celui qui leur a été enlevé : que la délicatesse de ton amour les réconforte et les console.

Par Jésus Christ notre Seigneur.

Amen.

Prière pour un défunt mort jeune [122]

Nous avons du mal à comprendre, Seigneur, que l'on puisse mourir si jeune, et qu'une vie soit brisée alors qu'elle commençait à s'épanouir. Ceux qui ont reçu de toi leur vie ne sont-ils plus

[121] *Id.*

[122] *Prières pour les défunts*, Desclée-Mame, 1972. © A.E.L.F.

entre tes mains, quand ils meurent? Accueille comme un père en sa maison ton serviteur (N...), notre ami. Donne-lui le bonheur qu'il attend : l'éternelle jeunesse de ton Christ.

Lui qui règne pour les siècles des siècles.

Prière lors d'une mort tragique [123]

Seigneur, nous nous tournons vers toi dans notre recherche et notre désarroi.

À qui d'autre irions-nous?

Nous osons croire que nos préoccupations sont les tiennes. Viens au-devant de nous. Que ta parole nous éclaire, que ton amour nous nourrisse.

Par Jésus le Christ notre Seigneur.

Amen.

Prière d'Action de grâces [124]

Nous te rendons grâce, Père très saint, pour ceux qui sont ici et pour ceux qui sont partis.

Car tu as permis que celui-là même qui nous

---

123 *Célébrer la mort et les funérailles,* Desclée-Mame, 1980. © A.E.L.F.

124 *Prières pour les défunts,* op. cit.

avait quittés soit aujourd'hui, pour nous, celui qui nous rassemble.

Nous étions dispersés par notre travail, accaparés par nos préoccupations journalières, voici que nous avons tout laissé pour nous ouvrir, en toi, à la peine des autres.

Nous nous rappelons que ton Fils Jésus-Christ, par sa mort sur la croix, a rassemblé toutes les solitudes ; et, par sa vie plus forte que la mort, il nous assure que nous vivrons.

C'est pourquoi, avec tous ceux qui nous ont précédés et qui vivent en toi, ceux dont nous avons connu le visage et qui ont reconnu ton visage, avec l'immense cortège de tous les saints, en frères, nous te prions :

Notre Père…

TEXTES DE RÉFÉRENCE SUR LE PURGATOIRE

Concile de Lyon (1274) [125]

Profession de foi de l'empereur Michel Paléologue

Que si, vraiment pénitents, ils sont morts dans la charité, avant d'avoir satisfait, par de dignes fruits de pénitence, pour ce qu'ils ont commis ou omis, leurs âmes sont purifiées après la mort par des peines purgatoires et purifiantes [...]. Pour adoucir ces peines, les intercessions des fidèles vivants leur sont utiles, à savoir le sacrifice de la messe, les prières, les aumônes et les autres œuvres de piété que les fidèles ont coutume de faire pour d'autres fidèles selon les institutions de l'Église.

Pour les âmes de ceux qui, après avoir reçu le saint baptême, n'ont contracté absolument aucune souillure du péché, pour celles aussi qui,

[125] Henrich DENZINGER, *Symboles et définitions de la foi catholique,* éd. du Cerf, 1996.

après avoir contracté la souillure du péché ont été purifiées, soit lorsqu'elles demeuraient encore dans leurs corps, soit après s'en être dépouillées, comme on l'a dit plus haut, elles sont immédiatement reçues dans le ciel.

Concile de Florence (1439) [126]

Décret « Laetentur coeli » pour les Grecs

Si ceux qui se repentent véritablement meurent dans l'amour de Dieu, avant d'avoir par des fruits dignes de leur repentir réparé leurs fautes commises par actions ou par omissions, leurs âmes sont purifiées après leur mort par des peines purgatoires et, pour qu'ils soient relevés de peines de cette sorte, leur sont utiles les suffrages des fidèles vivants, c'est-à-dire : offrandes de messes, prières et aumônes et autres œuvres de piété qui sont accomplies d'ordinaire par les fidèles pour d'autres fidèles, selon les prescriptions de l'Église.

Et les âmes de ceux qui, après avoir reçu le baptême n'ont été souillées d'absolument aucun péché, celles aussi qui, après avoir été souillées par le péché, soit étant dans leurs corps, soit

[126] Id.

une fois dépouillées de ces mêmes corps, sont purifiées ainsi qu'il a été dit plus haut, elles sont aussitôt reçues au ciel et contemplent clairement Dieu trine et un lui-même, tel qu'il est.

Concile de Trente (1545)

Décret sur le Purgatoire, 3 décembre 1563 [127]

L'Église catholique, instruite par l'Esprit Saint, à partir de la sainte Écriture et de la tradition ancienne des Pères, a enseigné dans les saints conciles et tout dernièrement dans ce concile œcuménique qu'il y a un purgatoire et que les âmes qui y sont retenues sont aidées par les suffrages des fidèles, et surtout par le sacrifice de l'autel si agréable à Dieu.

Aussi le saint concile prescrit-il aux évêques de tout faire pour que la sainte doctrine du purgatoire, transmise par les saints Pères et les saints conciles, soit l'objet de la foi des fidèles, que ceux-ci la gardent, et qu'elle soit enseignée et proclamée en tous lieux.

[127] Id.

Concile Vatican II (1962)

Constitution « Lumen Gentium » ch. VII

Particulièrement consciente de cette communion à l'intérieur de tout le Corps mystique de Jésus-Christ, l'Église en ses membres qui sont en chemin a, depuis les premiers temps de la religion chrétienne, honoré avec beaucoup de piété la mémoire des défunts, et « parce que c'est une pensée sainte et salutaire de prier pour les défunts, pour qu'ils soient délivrés de leurs péchés » (2 M 12,46), elle a aussi offert ses suffrages pour eux. [...] Cette foi vénérable de nos pères au sujet de la communion de vie avec les frères qui sont dans la gloire du ciel, ou qui, après leur mort, sont encore en voie de purification, le saint concile la reçoit avec une grande piété et il propose à nouveau les décrets des saints conciles du 2e de Nicée, de ceux de Florence et de Trente. En même temps, en raison de la sollicitude pastorale, il exhorte tous ceux que cela concerne à s'appliquer à écarter ou à corriger les abus, les excès ou les défauts qui se seraient introduits ici ou là, et à tout restaurer pour une plus pleine louange du Christ et de Dieu.

Catéchisme de l'Église catholique

La communion avec les défunts, n° 958

Reconnaissant dès l'abord cette communion qui existe à l'intérieur de tout le corps mystique de Jésus-Christ, l'Église en ses membres qui cheminent sur terre a entouré de beaucoup de piété la mémoire des défunts dès les premiers temps du christianisme en offrant aussi pour eux ses suffrages ; car « la pensée de prier pour les morts, afin qu'ils soient délivrés de leurs péchés, est une pensée sainte et pieuse » (2 M 12,45). Notre prière pour eux peut non seulement les aider mais aussi rendre efficace leur intercession en notre faveur.

Le mémorial sacrificiel du Christ et de son Corps, l'Église, n° 1371

Le sacrifice eucharistique est aussi offert pour les fidèles défunts, qui sont morts dans le Christ et ne sont pas encore pleinement purifiés, pour qu'ils puissent entrer dans la lumière et la paix du Christ.

La purification finale ou Purgatoire, n° 1030-1032

Ceux qui meurent dans la grâce et l'amitié de Dieu, mais imparfaitement purifiés, bien qu'assurés de leur salut éternel, souffrent après leur mort une purification, afin d'obtenir la sainteté nécessaire pour entrer dans la joie du ciel.

L'Église appelle Purgatoire cette purification finale des élus qui est tout à fait distincte du châtiment des damnés. L'Église a formulé la doctrine de la foi relative au Purgatoire surtout aux conciles de Florence et de Trente.

La tradition de l'Église, faisant référence à certains textes de l'Écriture, parle d'un feu Purificateur.

Cet enseignement s'appuie aussi sur la pratique de la prière pour les défunts dont parle déjà la sainte Écriture : « Voilà pourquoi il (Judas Macchabée) fit faire ce sacrifice expiatoire pour les morts, afin qu'ils fussent délivrés de leur péché » (2 M 12,46) Dès les premiers temps, l'Église a honoré la mémoire des défunts et offert des suffrages en leur faveur, en particulier le sacrifice eucharistique, afin que, purifiés, ils puissent parvenir à la vision béatifique de Dieu.

L'Église recommande aussi les aumônes, les indulgences et les œuvres de pénitence en faveur des défunts.

Les peines du péché, n° 1472

Pour comprendre cette doctrine et cette pratique de l'Église, il faut voir que le péché a une double conséquence. Le péché grave nous prive de la communion avec Dieu, et par là il nous rend incapables de la vie éternelle, dont la privation s'appelle la « peine éternelle » du péché.

D'autre part, tout péché, même véniel, entraîne un attachement malsain aux créatures, qui a besoin de purification, soit ici-bas, soit après la mort, dans l'état qu'on appelle Purgatoire. Cette purification libère de ce qu'on appelle la « peine temporelle » du péché. Ces deux peines ne doivent pas être conçues comme une espèce de vengeance, infligée par Dieu de l'extérieur, mais bien comme découlant de la nature même du péché. Une conversion qui procède d'une fervente charité peut arriver à la totale purification du pécheur, de sorte qu'aucune peine ne subsisterait.

Obtenir l'indulgence de Dieu par l'Église, n° 1479

Puisque les fidèles défunts en voie de purification sont aussi membres de la même communion des saints, nous pouvons les aider entre autres en obtenant pour eux des indulgences, de sorte qu'ils soient acquittés des peines temporelles dues pour leurs péchés.

Jean-Paul II, audience Générale du 4 août 1999

Le Purgatoire : un état de purification pour entrer dans la lumière de Dieu

[…] Pour ceux qui se trouvent en condition d'ouverture à Dieu, mais de façon imparfaite, le chemin vers la pleine béatitude exige une purification, que la foi de l'Église illustre à travers la doctrine du « Purgatoire » (CEC 1030-1032). […] L'exigence d'intégrité s'impose évidemment après la mort, pour entrer dans la communion parfaite et définitive avec Dieu. Ceux qui ne possèdent pas cette intégrité doivent passer par la purification. Un texte de S. Paul le suggère. L'Apôtre parle de la valeur de l'œuvre de chacun, qui sera révélée au jour du jugement, et dit : « Si l'œuvre bâtie sur le fondement (qui est le Christ) subsiste, l'ouvrier recevra une récompense ; si son œuvre est consumée, il en subira la perte ; quant à lui, il sera sauvé, mais comme à travers le feu » (1 Co 3,14-15).

[…] Toute trace d'attachement au mal doit être éliminée ; toute difformité de l'âme corrigée. La purification doit être complète et cela est précisément ce qui fait l'objet de la doctrine de l'Église sur le purgatoire. Ce terme n'indique pas un lieu, mais une condition de vie. Ceux qui, après la mort, vivent dans un état de purification sont déjà dans l'amour du Christ, qui les relève des restes de l'imperfection. [...]

Un dernier aspect important que la tradition de l'Église a toujours souligné, est reproposé aujourd'hui : il s'agit de celui de la dimension communautaire. En effet, ceux qui se trouvent dans une condition de purification sont liés aux bienheureux qui jouissent déjà pleinement de la vie éternelle ainsi qu'à nous, qui sommes en pèlerinage en ce monde vers la maison du Père. [...]

BIBLIOGRAPHIE

Lumen Gentium (textes conciliaires de Vatican II).
Catéchisme de l'Église Catholique, 1992.
JEAN-PAUL II, *Le Cœur de Jésus,* coll. « Ce que dit le pape » n° 12, Le Sarment Fayard.
JEAN-PAUL II, *Le Corps et le Sang du Christ,* coll. « Ce que dit le pape » n° 19, Le Sarment Fayard.
JEAN-PAUL II, *Bulle d'indiction du Grand Jubilé de l'an 2000,* 29 novembre 1992.
Dom OURY, *Dictionnaire de la Foi Catholique,* C.L.D., 1986.
Le Livre des Psaumes (traduction de la Bible de Jérusalem).
Blaise ARMINJON, *Sur la Lyre à dix cordes,* Desclée de Brouwer, 1990.
Cardinal GARRONE, *Les Psaumes, prière pour aujourd'hui,* Tardy, 1963.
Cardinal JOURNET, *Comme une flèche de feu,* Centurion, 1981.
Cardinal JOURNET, *Le Mystère de l'Église, les fins dernières,* 1961.

Jacques Maritain, *Carnet de notes,* DDB, 1965.
Jacques Maritain, *L'Église du Christ,* DDB, 1970.
Abbé B. Nodet, *Le Curé d'Ars, sa pensée, son cœur,* Coll. « Foi vivante », 1966.
H. d'Orfeuille, *Le Catéchisme avec le curé d'Ars,* Téqui.
Olivier Clément, *Le Chemin de croix à Rome,* Desclée de Brouwer, 1998.
P. G.M. Behler o.p., *Saisi par le Christ Jésus* (lecture méditative de la lettre aux Philippiens), Téqui, 1986.
La Prière de Jésus, par un moine d'orient.
Louis Sankalé, *Avec Marie au pas de l'Esprit,* Le Sarment Fayard, 1991.
K. Rahner, L'Eucharistie, L'Épi, 1966.
Paul Marie de la Croix, *L'Évangile de Jean et son témoignage spirituel,* Desclée de Brouwer, 1958.
Charles de Foucauld, *En vue de Dieu seul,* Nouvelle Cité, 1973, nouvelle édition 1999.
A. Bandelier, *Simples questions sur la foi catholique,* C.L.D., 1998.
Jean Daujat, *Mgr Ghika l'Apôtre du XXe siècle,* Éditions Palatine, Genève 1956.
P. Ladame, *Le Cœur si passionné,* Éditions Saint-Paul, 1974.
Alphonse de Liguori, *Le Grand moyen de la prière,* (trad. F. Lupi), 1986.
Cassien, *Commentaire* sur le Psaume 69.

BERNARD DE CLAIRVAUX, *Sermon* 15 sur le Cantique des cantiques.

AMBROISE DE MILAN, *La Pénitence*, coll. « Sources Chrétiennes » n° 179.

ORIGÈNE, *Homélies sur l'évangile de Luc*, coll. « Sources Chrétiennes » n° 87.

AUGUSTIN D'HIPPONE, *Soliloque*, livre I, 3, Narration sur les Psaumes.

D. Lucien REGNAULT, « La pensée de sainte Thérèse de l'Enfant Jésus sur le Purgatoire » (Annales 1986 n° 101 de Ste Thérèse).

Textes du Lectionnaire de l'Office divin (à l'usage dc la Lettre 129 de Ste Catherine de Sienne).

TABLE DES MATIÈRES

CET OUVRAGE
A ÉTÉ REPRODUIT
ET ACHEVÉ D'IMPRIMER
PAR L'IMPRIMERIE FLOCH
À MAYENNE EN JUILLET 2004
POUR LE COMPTE DES
ÉDITIONS NOUVELLE CITÉ
37, AVENUE DE LA MARNE
92120 MONTROUGE

ISBN 2-85313-463-6
N° d'impr. 60679.
D. L. : juillet 2004.
(Imprimé en France)